LE TEMPS DES OTAGES

(le Québec entre parenthèses)
1970-1976

Jean Paré

LE TEMPS DES OTAGES

(le Québec entre parenthèses) 1970-1976

Quinze

LES EDITIONS QUINZE
Président: Pierre Turgeon
3465 Côte-des-Neiges, Montréal
Tél.: 933-6841

Distributeur exclusif pour le Canada:
LES MESSAGERIES INTERNATIONALES DU LIVRE INC.
4550 Hochelaga, Montréal, H1V 1C6

Distributeur exclusif pour l'Europe:
LIBRAIRIE HACHETTE
79 boul. Saint-Germain, Paris VIe (France)

Photo, maquette de la couverture
et conception graphique:
Jacques Robert

PRÉFACE

La relecture des articles et essais de Jean Paré m'a confirmé dans l'idée que nous vivons dans une société émiettée où tout nous prédispose et nous incite à vivre isolés et séparés les uns des autres, à dilapider et à saccager la nature, à rompre nos liens avec les générations passées et les communautés traditionnelles et à abolir les mémoires collectives, fussent-elles celles du passé le plus proche. Nous vivons dans une espèce d'état d'instantanéité; tout nous pousse vers le moment privilégié et vers l'éphémère; nous mimons la spontanéité de peur de tomber dans le vide. L'ironie et le sarcasme de Paré ne sont pas gratuits mais s'alimentent, me semble-t-il, de son constat du gâchis que nous faisons de notre société et de notre habitat; il proteste contre toute cette facticité qui nous entoure, contre tous ces politiciens rivés à leur image d'un instant, qui cultivent l'apparence pour ne pas voir la réalité et leur peu de réalité.

Aussitôt que le journaliste se retrouve en pleine nature — celle que nous n'avons pas encore réussi à détruire, comme "l'autre Gaspésie" — son ton change; il s'émeut devant "la Gaspésie des forêts, des torrents glacés et de l'altitude". Paré est un être de passion et de parti pris. Alors que la plupart de ceux qui parlent de la société et du pays disparaissent derrière leurs chiffres, leurs courbes statistiques et leurs compétences, et visent à une objectivité qui ne dissimule pas toujours leur appétit de pouvoir et de prestige, il est heureux que de fois à autres une voix s'élève pour crever des baudruches et affirmer son parti pris pour l'homme, le bon sens et la vie; c'est ainsi que j'ai toujours lu Jean Paré.

Relisant ces textes après le 15 novembre 1976, je suis amené à me poser des questions sur l'évolution récente de la société québécoise. Comment a-t-elle cheminé entre octobre 1970 et novembre 1976? Par delà les événements de toute nature, à commencer par l'occupation militaire, les sondages d'opinions, les déclarations et les prises de positions publiques, il semble assuré que la sensibilité, l'humeur et les attitudes collectives ont changé considérablement pendant cette période. On peut déceler dans les articles de Paré certains aspects de cette évolution. Tout semble s'être passé comme si les événements politiques et sociaux, les diverses transformations de la vie quotidienne, les informations de toute nature qui ont assailli les Québécois pendant cette période avaient laissé dans leur conscience des traces diffuses et nombreuses qui, à l'occasion du dernier appel au peuple, se sont amalgamées et ont pris cohérence. Les exercices de dissection — et de vivisection quelquefois — auxquels se livre Jean Paré sur notre société et certains hommes publics nous font toucher du doigt ce qui aujourd'hui — à peu de temps de distance — ne serait plus possible. Que s'est-il donc passé? Il y a eu, bien sûr, changement de gouvernement! Mais il y a eu beaucoup plus! Il s'est produit une espèce de mutation dans notre société.

Dès décembre 1975, Jean Paré se laisse aller à prédire cette mutation: "Le Québec serait à préparer une de ces mutations qui sont sa manière d'avancer qu'il ne faudrait pas se surprendre." Allant plus loin, il affirme que cette mutation *pourrait être "beaucoup plus importante que celle des années soixante". Ce qui est bel et bien rejeté dans cette interprétation de l'évolution du Québec, c'est la thèse du balancier, la thèse de l'éternel retour, chère à certains politicologues et journalistes conservateurs. Encore ici, sous les rires sarcastiques et parfois sardoniques du journaliste, on découvre une grande confiance envers le Québec et les Québécois; cette confiance me semble un des principaux éléments de cette mutation que notre pays est en train d'accomplir.*

Ce livre de Paré ne fait pas que susciter des réflexions sur l'évolution récente de notre société mais remplit d'aise tous ceux qui aiment le journalisme de combat, celui qui ne se fait pas un devoir d'être pesant et ennuyeux, celui qui ne craint pas le trait mordant et qui n'a pas peur d'égratigner un peu ses têtes de Turc. Celle que Paré privilégie se nomme Bourassa, celui qui donnera son nom à cette période, 1970-1976, et que d'aucuns appellent déjà, "les années bêtes". Drapeau et Choquette font aussi bonne figure au palmarès.

Enfin, le lecteur constatera que Jean Paré, tant par ses traductions d'auteurs extrêmement importants — McLuhan par exemple — que par ses essais les plus longs — le mariage collectif, entre autres — s'est intéressé aux auteurs et aux faits socio-culturels les plus significatifs de notre temps. C'est pour toutes ces raisons qu'il faut savoir gré à Paré d'avoir réuni ces textes pour nous.

Marcel Rioux

Montréal,
le 23 janvier 1977

LE RAPT

EINS
ZWEI
EINS
ZWEI

(*Le Maclean*, avril 1973)

Le pire effet de la Loi des mesures de guerre, en octobre 1970, n'a pas été, me semble-t-il, de paralyser le Parlement, de suspendre les libertés civiles, ni même de permettre l'incarcération abusive de 500 innocents. Ces choses-là se défont rapidement.

La pire séquelle de la décision qu'ont prise Monsieur Trudeau et ses ministres, c'est d'avoir fait ressurgir des placards et des cabanons où quinze ans d'action politique les avaient plus ou moins refoulés, les vieux fantômes, les vieux squelettes de la vie publique québécoise: l'autoritarisme, le culte des messies en même temps que la crainte de l'Etat, le mépris du bien commun et des aspirations populaires avec ses dames de compagnie: corruption administrative, utilisation politique du pouvoir judiciaire et collusion avec le pouvoir économique.

L'ironie du sort a voulu que les responsables de cette tragique résurrection soient les hommes mêmes qui avaient symbolisé un temps la lutte contre ces maux de notre société, les apôtres de la tolérance, les frères prêcheurs de la séparation des théologies et de l'Etat, les prophètes de la "cité libre".

On les avait crus démocrates, ils n'étaient qu'anti-duplessistes.

D'un seul geste, dont certains leur font la charité de se

demander encore s'il était inconsidéré et intempestif ou réfléchi et cynique, ils ont redonné des lettres de noblesse au plus étroit et au plus bête des conservatismes. La chasse aux sorcières redevenait respectable.

Toutes les harpies retraitées reprennent du service. Claude Wagner, que ses rodomontades avaient rendu ridicule, se recase dans un parti à bout de Canadiens français de service. La droite de Bourassa ignore de plus en plus ce que voulait faire sa gauche. Jean Drapeau s'interpose entre l'humanisme olympique et le chaos. Yvon Dupuis, un fort en gueule bazardé par son parti au lendemain de la reconquête du pouvoir, et qui avait survécu comme self-made-ombudsman, se fait créditiste et se pavane avec des airs de Duce rural. Jérôme Choquette, qui voulait être le ministre de la Justice le plus libéral depuis la Confédération, ne l'a été que le temps de créer l'aide juridique et les tribunaux des petites créances et de réformer le code des loyers. Aujourd'hui, "gun" sous l'aisselle, il n'est plus que ministre de la police.

Coup sur coup, il nous assène un Bill 51, loi des mesures de guerre à peine déguisée, qui permet de perquisitionner et d'installer des tables d'écoute sans mandat, adoptée dans le mutisme général, avec l'approbation même des gens visés. Avec la complicité de son collègue Castonguay, il nous inflige le Bill 65, un projet de loi sur la "protection" de la jeunesse que même l'Espagne de Franco trouverait rétrograde.

Le ministre Cournoyer, qui administre les relations de travail "comme un bon père de famille", c'est-à-dire de crise hebdomadaire en crise hebdomadaire, nous ramène, avec le Bill 89 et des lois d'exception en série, vingt ans en arrière. Le droit de grève recule jusqu'avant 1960, et les leaders syndicaux vont en prison expier, outre les leurs, les coches mal taillées de tous ceux qui depuis quelques années ont fait peur au gouvernement et qu'on n'a pas pu coincer. Depuis 1970, "la situation historique" justifie tout.

Depuis 1970, le gouvernement est terrorisé. Le premier ministre se terre dans son bunker de la Grande-Allée, d'autres se promènent molosse en laisse. Mais de quoi a-t-on peur? Certes pas d'un quarteron d'exilés ou de détenus. Ce serait plutôt à la population d'avoir peur, elle qu'on a menacée des tueurs d'enfants de Pierre Trudeau, des trois mille dynamitards de Jean Marchand, des gouvernements fantômes de Gérard Pelletier et des flots de sang de Jean Drapeau. Dans l'énervement de cet automne éreintant, nous avons oublié de nous demander qui terrorisait qui...

Aux élections de l'automne dernier, personne ne s'est vanté de sa vigilance d'octobre 1970. Personne non plus n'a osé l'utiliser contre le gouvernement. On n'avoue pas avoir trompé, on n'aime pas davantage admettre l'avoir été. Cet incroyable silence est éclairant.

La facilité avec laquelle la police intoxique les pouvoirs publics, les faveurs que l'on a pour elle, les moyens qu'on lui accorde, tout cela sentait déjà l'Etat policier, c'est-à-dire un Etat où la police n'est pas soumise aux mêmes lois et aux mêmes contraintes que les autres serviteurs publics et où le pouvoir a l'impression, à tort ou à raison, de ne plus reposer que sur ses seuls prétoriens.

La collusion récemment révélée entre l'Association canadienne des radiodiffuseurs et les corps policiers est dans l'ordre des choses. De la part des radiodiffuseurs, le geste n'étonne pas. Il suffit d'écouter la radio privée, à n'importe quelle heure du jour ou de la nuit, pour savoir où nichent ces gens-là. Ils sont du côté du manche. Qu'ils aient gardé leur conjuration secrète, et qu'il ait fallu une gaffe de leur président et l'insistance d'une commission parlementaire pour que nous sachions que la police contrôlerait l'information à notre insu "en période de crise", illustre à la fois leur notion de la liberté d'information et leur conscience de mal agir.

Ce qui devrait nous secouer, c'est que la police s'embarque dans un pareil panier à salade. Elle démontre soit l'ignorance, soit le mépris de son rôle dans une société démocratique; elle piétine hardiment les libertés, accapare les juridictions, enjambe les tribunaux, se soustrait au gouvernement et s'arroge, dans un complot avec des hommes d'affaires, le droit de déterminer ce qui peut et qui doit être dit et entendu, ce qui est une nouvelle et ce qui est propagande, ce qui est vérité et ce qui est mensonge.

Et si le chef de police était chef de nouvelles? Pour en rester à l'automne de 1970, qui donc nous a fait savoir que le cadavre de Pierre Laporte était affreusement mutilé? que les guérilleros avaient des camps d'entraînement près de Sorel? qu'on allait bientôt les cerner? que l'un d'eux avait été tué à Saint-Adolphe? que James Cross était mort? Elliott Ness?

Et qu'est-ce qu'une crise? Un terroriste qui enlève un diplomate, c'est une crise. Et s'il enlève un athlète olympique? Une grève d'étudiants, est-ce une crise? Une grève générale? Une journée d'élection "troublée"? L'élection d'un gouvernement minoritaire, d'une opposition souverainiste? L'invasion d'un parti populiste par une clique d'arrivistes décidés à profiter du ressentiment populaire contre l'arrogance d'un gouvernement et d'une bureaucratie ineptes est-elle une crise? Une grève de policiers est-elle une crise qui les justifierait de contrôler l'information?

Nous sommes revenus en 1952, et il faut recommencer à

appeler les choses par leur nom, à expliquer ce qu'est le pouvoir et à qui il appartient, refaire un long chemin que l'on avait cru accompli, restaurer l'usage correct de l'Etat, retrouver le sens de la liberté, trouver surtout des hommes et des partis prêts à défendre, à la place d'un gouvernement déboussolé et contre une réaction savamment attisée, les réformes qui ont mis le Québec sur la voie d'un commencement...

C'est un "gros contrat", mais qu'il faut entreprendre pour ne pas voir se réaliser l'image d'un goût douteux qu'Yvon Dupuis a servie à ses fidèles au soir de son élection à leur tête: "C'est une armée qui se lève ce soir, et qui se met en marche d'un pas saccadé..."

Eins, zwei, eins, zwei...

DEUX ANS APRÈS... L'HORLOGE ARRÊTÉE.

(*Le Devoir*, 28 octobre 1972)

L'écriture, malgré les apparences, c'est la pratique suprême de l'égoïsme. Comment parler de son rapport au monde, aux autres, et donc de soi, sans s'être d'abord regardé, exploré, comme une femme vieillissante qui repère sous les cosmétiques la moindre ride. Le soi a un âge. Celui qui écrit se montre tout nu: et son public peut lui scruter les fesses ou le bedon tel un haruspice pour lire son état de santé, son avenir, et ce que les dieux réservent à sa famille. J'évoque les dieux parce qu'au cimetière où ils sont, ils jouent encore un grand rôle, comme tout mort qui se respecte.

L'écrivain québécois de 1972 est un drôle de zigue. Il y a dix ans, j'ai brisé le crayon qui me servait à parler des livres dans diverses gazettes, convaincu que la critique répondait à la définition que les Ecossais, dit-on, donnent de l'amour: une activité épuisante, qui ne paie pas, et qui s'exerce dans une position plutôt ridicule. Je n'ai pas changé d'idée (pour la critique). Mais je lis de nouveaux écrivains, d'une génération qui ne parle pas aux gens de mon âge: leurs livres me parleront d'eux et d'aujourd'hui. Or ces zigues, dis-je, me parlent de leur enfance. Leurs éditeurs se sont lancés à la reconquête du passé, des naïfs feuilletons du siècle dernier, des relations de voyage et des mémoires que ce peuple n'a pas. Il souffle donc depuis quelques douzaines de mois une bourrasque de nostalgie pour un passé qu'avaient masqué les drapeaux, les chasubles et les médailles *bene merenti*. Robert Davies a amorcé l'opération, il y a trois ans; tout le monde a emboîté le pas.

Les augures capables de lire les bedons dont je parlais plus haut y verront davantage qu'une mode ou une affaire. Tous les romanciers sont à la reconquête acharnée du temps perdu, dans le vert paradis et bla-bla-bla, sur la piste de leur enfance. Cette enfance est d'ailleurs souvent mythique: éden perdu, temps de la belle liberté, des ruisseaux clairs, des grands-parents philosophes, tous analphabètes de génie, sages guides de l'enfance dans l'apprentissage de la vie. Ce monde est rural, ou il vient d'immigrer. L'horizon est au bout du quartier. L'univers est petit, on peut l'embrasser d'un geste. Le monde est beau, il est gentil.

Le fond, c'est ce retour en arrière, le cou tordu vers l'âge bref où l'on tentait encore d'imaginer la longueur de mille ans, d'un milliard d'années, d'une glaciation, au lieu de calculer en grimaçant celle d'une décennie. La littérature d'ici n'est plus d'imagination: l'enfance, c'est du solide. Toute vie d'enfant n'est que réelle. Ni moins, ni plus. Les enfants vont leur chemin, demandent tout sans exiger rien. L'école, le jeu, la conquête, l'apprentissage, les filles. Enfants de Chine ou d'Inuit, comme les Esquimaux veulent qu'on les appelle, enfants de pauvres ou de riches, heureux ou malheureux, les enfants sont pour eux-mêmes des adultes. Une vie existentielle, qu'ils disent au module de littérature.

La course au passé, entre les pages d'un livre, c'est la course au réel de gens poignés dans l'irréel, dans une société infirme à qui il manque des morceaux, dans un monde amputé, dans un espace à trois points cardinaux: le haut où c'est bloqué, le bas où l'on ne veut pas retourner, et le passé qui peut servir de refuge. Ce regard permanent dans le passé c'est le regard tragique des vieillards, quand ils ne parlent pas, et qui ont l'air de dire "déjà!", quand le peu de temps qui reste se précipite et qu'on se dit, sans doute, que ça n'a pas servi, au fond, à grand-chose et qu'il est trop tard pour penser à se rendre utile.

Les grosses V-8 de la langue enfin assumée sont donc toutes embrayées en marche arrière, à la planche. Il faut dire que le récit du présent serait difficile. Et aussi celui de l'avenir. Un roman écrit au présent, ancré dans la vie quotidienne, ou une science-fiction québécoise, personne n'y croirait par les temps qui courent. Même les journalistes ont cessé de faire dire des choses aux hommes politiques: c'était autrefois pratique courante. Pourtant, les princes qui nous gouvernent ont la langue plus longue que jamais. Mais c'est du Muzak! On

devrait vendre *la Presse* et le *Star* avec une poignée parce qu'ils
sont lourds, et sans date, parce qu'il ne se passe plus rien.
Tout journal devrait être permanent. Les commissions
d'enquête enquêtent: les bureaucrates structurent. Toute la
vie est accrochée à ce moteur débrayé qu'est devenue la chose
publique. On dirait l'école, au printemps, quand elle
s'éternisait, ou le noviciat, pour tous ceux qui y sont passés
(avec la disparition des soutanes, on ne sait plus).

Un monde surréaliste qui attend que Bunuel, ou Cocteau,
ou Gauvreau donnent les indications de scène. Toute la
grande rue principale, de Varennes à Rimouski, et des deux
bords, se berce sur le perron, comme depuis toujours, mais la
face tournée vers la façade de la maison.

Comme c'est le rôle des romanciers de romancer, et que le
présent n'est qu'un mur, pourquoi ne pas tâter du passé. En
d'autres pays, on peut raconter la révolution, la Chine, le
désert, la débauche, le pouvoir: ici, même pas le plus petit
camp de concentration à décrire. Ou est-ce qu'on ne les
verrait pas? Tous ces présidents, ces ministres frustrés qui ne
sont que fonctionnaires, ces banquiers de désirs qui ne seront
que caissiers, des Rockefeller contremaîtres, des explorateurs
et des navigateurs au long cours qui font du "cruising" dans
un Diamond ou un LaSalle... Ca n'inspire que Michel Tremblay.
L'exotisme, qui est un instinct d'aventure, de conquête, est
rare dans la littérature d'ici. Il y a bien l'Ethiopie de Jacques
Godbout, vous vous souvenez, mais l'*Aquarium,* c'est une
Ethiopie de missionnaires. Et ce n'est pas par hasard: si
Malraux, si Ginsberg ou Lowry avaient été Québécois, ils
auraient été missionnaires. Ou aujourd'hui participants des
échanges franco-québécois.

Cette ruée vers le Klondyke du passé est-elle le début d'une reconstruction? Un fouissage d'archéologues à la recherche de socles sur lesquels refaire l'avenir? Ou au contraire un futile détournement de fonds intellectuel, une manifestation de dépression?

Toynbee, qu'on a beaucoup applaudi en Laurentie, parce qu'il confirmait les prétentions de l'esprit évangélique des élites locales en supposant que seuls les Canadiens français (comme on les appelait) et les Chinois pourraient survivre à une catastrophe nucléaire, a aussi écrit bien d'autres choses, et qu'on devrait se rappeler. Il raconte, entre autres, le conflit qui opposa, après leur conquête par les Turcs, les Grecs "phanariotes" aux Grecs ordinaires. Les Grecs ordinaires se cherchaient une Jeanne d'Arc pour jeter les Turcs dehors. Mais ce n'était pas aisé, les Turcs ayant, paraît-il, une tête terrible. Les Grecs du quartier de Phanar, l'Outremont d'Istamboul, avaient un plan plus subtil: ces Turcs, disaient-ils, sont d'ignares sauvages. En devenant leurs contremaîtres, leurs grands vizirs, leurs ambassadeurs, qui sait, leurs premiers ministres, nous serons, sans que cela paraisse, les vrais maîtres du pays. Mais les Grecs ordinaires se révoltèrent. Les phanariotes en firent un grand massacre, puis les Turcs se débarrassèrent de leurs encombrants serviteurs. Depuis, on parle, dans les livres, de "l'illusion phanariote".

Le passé peut-il aider à trouver une voie? Si c'était une façon de revenir sur ses pas, comme le font instinctivement ceux qui s'égarent en forêt, pour tenter de retrouver un signe familier, d'où on pourrait repartir? "Aller à Saint-Glin-Glin, jeune homme? On ne peut pas y aller d'ici; pour aller là, il faut partir d'ailleurs!" Dans le temps, on ne trouve pas d'endroit privilégié d'où repartir. On part d'où on est.

La campagne électorale* qui s'achève nous a montré des choses inouïes: mille politiciens et deux millions d'électeurs qui ont fait mine d'oublier qu'octobre 1970 avait eu lieu. Pas un mot, et pas un mot non plus sur cet étonnant silence! C'est sûrement le hasard... Un ministre trouve le moyen d'avouer qu'à la prison, on gaze les prisonniers qui n'aiment pas la soupe: au gaz lacrymogène, au Mace, au gaz innervant, au Vapona, au Florient, je ne sais, mais on gaze. Précision: ça ne se fait pas dans une chambre à gaz. Ah! bon. Pas un rugissement, pas un mot, pas une ligne, pas la moindre ligue de protection des animaux. Quelques mois plus tôt, le gouvernement de ces zombies aveugles tournés vers le passé adopte une loi qui permet de perquisitionner n'importe où, n'importe quand, et disons-le, pour n'importe quoi, sans mandat. Silence de mort. C'est dans *Midnight Cowboy* que l'on voit les passants enjamber, en pleine rue, un cadavre ou un mourant sans le voir? On voit cela aussi dans *Calcutta*, de Louis Malle. La meilleure anti-campagne n'a pas été celle de René Lévesque, mais celle de Trudeau et de Stanfield. Trudeau tout rose, vaste front, yeux bridés, sur fond de ciel bleu. Avec trois nuages. Ou à la tête d'une multitude: ensemble. Le rétablissement des relations avec la Chine a eu pour première conséquence de nous faire connaître les campagnes de style Mao. Chez les conservateurs, qui n'ont pas lu Mac-Luhan, on s'est contenté de nous dire qu'avec Stanfield, ça file en grand ou quelques jingles du genre. Des questions en jeu, des choses à faire, des scandales qui couvent, pas un mot. Les journalistes vont bientôt nous raconter eux aussi leur

---

* Elections fédérales de 1972.

enfance. Il n'y a rien dans le chaudron, ni personne pour le touiller un peu. A New York on enjambe les cadavres dans la rue, ici on regarde les élections comme les courses à Blue Bonnets ou comme la Loto-Perfecta, avec un petit sondage préliminaire pour mieux choisir son cheval. La vie est un anti-événement.

Konrad Lorenz et Desmond Morris nous ont appris, récemment, dans des livres qui ont eu beaucoup de succès, que les animaux ne se tuent point. Le plus faible, en attendant que le vieux crève, tend le cou en signe d'apaisement. Lundi soir, le pouvoir canadien sourira fièrement d'avoir l'assentiment d'une vaste majorité de Québécois. Assentiment ou apaisement? La bête tend le cou, certaine qu'elle ne sera pas mordue.

Astérix vient d'aborder de nouveau aux rivages québécois, dans un vaisseau fort amusant qui s'appelle *le Devin*. Le succès d'Astérix au Québec n'est-il pas renversant? Ces histoires de Gaulois aux yeux bleus, qui n'étaient nos ancêtres que pour notre moitié non-indienne, ne sauraient nous intéresser. Ces Gaulois sont d'ailleurs sans importance. Eux qui jadis menacèrent Rome, couvrirent un continent de la Meuse au Tibre quand les oies les laissaient s'approcher, ne sont-ils pas réduits à n'être qu'une poignée sur une péninsule, adossés à la mer, cernés par les légions romaines puissamment armées? Ne résistent-ils pas qu'à cause de leur parler rude, de leur anachronisme même et de leur bêtise chamaillarde? à cause aussi de leur sage druide, confident des dieux, et du sagace Astérix?

Dans *le Devin*, les Gaulois abandonnent de terreur leur village. S'étant révoltés contre les forces surnaturelles, ils sont convaincus que le ciel va leur tomber sur la tête et qu'ils seront ensevelis dans une puanteur pestilentielle qui les punira de leur témérité. Ils se réfugient sur un îlot dans la mer. Mais leur druide disparu revient, ils l'écoutent, la colère des dieux s'apaise. Une histoire de fous. Je ne vous la racontais d'ailleurs qu'en passant...

L'ÉTAT DU QUÉBEC

(*Maintenant,* juin 1974)

C'était l'automne 1959. Duplessis allait mourir, si impensable que cela paraisse, à lui et à nous. Les efforts politiques les plus constants et les mieux organisés avaient fait patate. L'avenir semblait bouché. Le Québec serait arriéré ou ne serait pas. Rural ou anglais. Catholique ou capitaliste. C'était l'alliance du télégraphe et du goupillon. On allait soigner à Paris sa nostalgie culturelle. Les tenants du salut individuel préféraient le Texas, la Californie, la Floride ou la NASA à des sous-fonctions de nègres de service en liberté surveillée ici. Beaucoup de ceux qui restaient parlaient d'envoyer leurs enfants à l'école anglaise, comme d'autres choisissaient carrément le pouvoir fédéral comme antidote à la connerie locale. Le Chef avait soixante-cinq ans et régnait depuis vingt ans. Robert Bourassa, qui n'en a que quarante et ne règne que depuis quatre, a réussi à ressusciter le même climat d'angoisse, de défaitisme, de corruption, de colère et de rébellion contradictoirement mêlés. Mais il y a une différence. Les Québécois avaient toujours cru avoir une culture. Or, à part quelques artéfacts, elle n'était que religieuse, et la religion s'effoirant dans sa vétusté poussiéreuse comme une momie trop brutalement secouée, ils se sont découverts tout nus, arguant de leur francité, de leur joualité, de leur américanité. Ils s'étaient crus Canadiens français. Ils n'étaient ni Français ni Canadiens. Ils allaient tenter de se faire Québécois. Mais l'école qui les avait maintenus CFC (Canadiens français et catholiques), l'organe reproducteur de la société, l'école bête mais efficace, l'école avec des objectifs politiques, religieux et sociaux autant qu'éducatifs, cette école-là ne voulait plus être qu'un atelier d'apprentissage, un Steinberg de la carte de compétence. L'école au service de la société devenait l'école au service des employeurs. Rien d'étonnant: il n'y a pas d'école sans l'Etat, sans gouvernement, c'est-à-dire sans que la nation s'organise.

Il reste l'école "parallèle": rue, télé, publicité, monde, rayonnement des "autres". Au contraire de la précédente, les Québécois n'en contrôlent ni les programmes ni les méthodes. L'école parallèle, c'est la réforme scolaire faite par les autres, l'ITTéisation, la pepsification, la simardisation. Le cabinet québécois actuel en est le produit parfait. De 1962 à 1966, la droite québécoise a fait échouer le projet de réforme scolaire qui aurait dû consister à changer d'objectifs de société. Plutôt que de s'avouer vaincue, remplacée par un Québécois nouveau, la droite catholique-bourgeoise-franco-saxonne a préféré fermer l'école.

Au questionnaire de *Maintenant**, il semble manquer une

---

*La revue *Maintenant* expédiait à quelques dizaines de Québécois, à l'hiver 1974, un long questionnaire. Dans le numéro de juin 1974, on publiait les réponses de Fernand Dumont, Pierre Vallières, Louis O'Neill, Pierre Perreault, Hélène Pelletier-Baillargeon, Patrick Straram, André Major, Raoul Duguay, Jacques Godbout, Jacques Grand' Maison, André d'Allemagne, Jean Bouthillette, Gilbert Langevin, Jean-Réal Cardin, Marcelle Ferron, Louis Rousseau, Yves Lever, Viateur Beaupré, André Lavallée, Suzanne Joubert, Jean-Paul Audet, Michèle Lalonde, Lysiane Gagnon, Pierre Vadeboncoeur et Jean Paré.

manière de mode d'emploi: avant de répondre, réunissez sociologues, anthropologues et linguistes, écoutez deux ans les suggestions, récriminations et pressions des corps constitués, faites effectuer toutes études idoines, mijotez amplement avant de conclure (en retard) et appelez le tout Rapport Paré...

L'intelligentsia québécoise, comme vous dites, inscrirait un point supplémentaire, mais un point seulement, sur une trajectoire marquée par les rapports Massey, Tremblay, Laurendeau, Parent, Castonguay, Parti Pris, les Etats généraux et tutti quanti.

En vingt ans, les Québécois ont liquidé nombre de mythes et d'idées reçues. On a, dans les facultés, fouillé le passé dont la trame économique et sociale est désormais aussi bien connue que naguère la guirlande patriotique. Le présent a été analysé et réanalysé, disséqué, soupesé, trituré. Et les données sont suffisantes pour entrevoir la suite des trajectoires, l'avenir selon les hypothèses A, B et C, avec ou sans optimisme. La pile d'analyses est bien haute et le temps, me semble-t-il, est venu de penser avec ses couilles.

> Dieu me garde des pensées
> seulement pensées
> Avec l'esprit des hommes.
> Celui dont le chant est durable
> pense avec la moelle de ses os

Le quatrain est de Yeats, je crois. Le geste sans réflexion est une folie mais l'analyse qui ne débouche sur rien est une masturbation.

La question qui se pose est celle d'Hemingway. En avoir ou

pas. Assez pour prendre quelques risques. Les gens qui partagent ce pays avec les Québécois ont fait le pari que les Québécois n'en ont pas. Jusqu'à présent, leur pari a été rentable.

Certains diront que le seul fait de poser la question est une injure grossière. Ce n'est ni une injure ni une grossièreté. N'en avoir pas, c'est être si profondément aliéné qu'on est incapable, ayant intellectuellement conçu la notion de liberté et éprouvé sa possibilité, de lui donner un contenu et un usage, et qu'on n'éprouve pas impérieusement le besoin de contribuer à un collectif, à une culture, et de participer à la construction d'un avenir. Hubert Aquin parlait de fatigue culturelle.

La plupart des nations qui ont trouvé depuis 25 ans le chemin de leur liberté ne l'avaient perdue qu'au début de ce siècle. Deux générations, quelquefois trois, rarement davantage. Sauf erreur, les Québécois constituent, avec les Antillais francophones, le groupe dont la domination est la plus ancienne*. 215 ans cette année. Les occasions n'ont pas manqué. Le refus "rationnel" est-il rationalisation de l'incapacité?

Il importe assez peu de savoir si l'intelligentsia a provoqué l'évolution des vingt dernières années ou si elle n'a que suivi et incarné des changements dûs plutôt à des impacts extérieurs, à des mutations économiques, à des mouvements migratoires globaux. Il est moins que certain que le Mouvement laïque de langue française a forcé la déchristiani-sation du Québec. Il en a été certainement le reflet, en même

---

* Lire *Allons z'enfants*, p. 139.

temps que le chroniqueur... Le point tournant des vingt
dernières années est-il la création d'un ministère de
l'Education? Ce pourrait être tout aussi bien l'apparition de la
télévision ou même l'ouverture, il y a une douzaine d'années,
du canal 10 de la télévision privée. Sans le 10 et ses pareils,
1973 aurait-elle été l'année du dilemme "joual" ? Sans les
forces dont le 10 est le fourrier: forces multinationales de la
pepsification forcée, de l'american way of life, du get rich
quick have your own pool what the fuck, ce peuple
s'interrogerait-il sur ce qu'il est? Et quel est l'événement
culturel le plus signifiant des vingt dernières années? La
construction de la Place des Arts, ou les horribles belles-soeurs
de Tremblay, bâtardes et infécondes génisses beuglantes, fruit
monstrueux de la déculturation et de la liberté. Ou encore
Valérie, film naïf, et donc important...

Denis Héroux croyait tourner un film de cul: il a mis en
images les sermons de 1900. Valérie languit au couvent, dans
la touffeur d'une nubilité qui n'y éclora jamais. C'est le
sacrilège à roulettes d'une industrielle, technologique et
pétaradante motocyclette qui vient l'y chercher et l'amener
en ville goûter tous les plaisirs, surtout défendus. Hélas!
Comme l'avait prédit le curé Labelle, elle s'y perdra. Elle s'y
vendra — à des étrangers, comme on vend des forêts, des
mines (foin des comparaisons freudiennes) comme on vend
de la main-d'oeuvre.

C'est d'ailleurs par un étranger qu'elle se fera carrément
"fourrer", découvrant qu'il n'est pas de plus grand bien que
d'être "maître chez soi". Retour sur le pastoral Mont-Royal,
rencontre d'un jeune Québécois aimant, mariage, enfants. Or,
ce Québécois est un artiste-peintre, crû de Montparnasse. Voilà
réaffirmé le passé, conjuré l'avenir, confirmée la vocation

artistique-culturelle-missionnaire-messianique de ces Latins qui n'ont pas la bosse des affaires. On s'en tirera, même sans en avoir . Le sursaut des années soixante encourage. Valérie inquiète.

Il se pose des questions auxquelles il faudra rapidement répondre:

— La route vers l'autonomie et la liberté passe-t-elle, dans un pays occupé par une puissante minorité dominante, par la voie parlementaire ou par d'autres formes d'action collective?

— Qu'est-ce qui pourrait secouer l'immense aboulie syndicale actuelle, qui fait des forces les plus puissantes qu'on puisse imaginer les satrapies qu'elles sont devenues?

— La prochaine — et imminente — bataille ne se livrera-t-elle pas, cette fois, non plus entre colonisateurs et colonisés, mais entre Québécois et Franco-Saxons, entre Québécois et assimilés-sans-le-savoir, entre patriotes et Phanariotes?*

— La violence inattendue des années soixante, nécessaire pour démythifier la supposée supériorité du pouvoir dominant, a-t-elle été utile ou le pouvoir s'est-il avéré aussi résistant que la statue du Commandeur et l'expérience n'a-t-elle fait qu'ajouter à d'épaisses strates de culpabilité et d'angoisse?

Le pouvoir de l'Etat n'étant que l'émergence politique des forces culturelles dominantes, on comprend qu'il ne faille rien attendre de l'Etat actuel et que la conquête du pouvoir politique non seulement risque d'être décevante, mais difficile tant que le national-prolétariat québécois ne sera pas

---

* Regardons vite l'encyclopédie: l'histoire des Phanariotes de Constantinople est instruisante.

lui-même devenu culturellement dominant dans son territoire, c'est-à-dire tant qu'il n'aura pas compris que la coexistence n'est qu'une forme lente de la guerre.

La libération ne peut se faire que par des groupes constitués, et par des groupes constitués pour la libération. Les groupes existants à d'autres fins ne peuvent que servir d'appoint ou se condamner à l'inutilité.

Dans une société en lutte, qui pratique le "rien vouloir savoir", un Bill 22 se lirait comme suit:

— Le français est la langue du Québec. (Sans qualificatif)
— La majorité a le droit de rester la majorité.
— La majorité a le droit de prendre les moyens pour rester la majorité.
— La majorité a le droit de profiter pleinement des avantages sociaux, politiques et économiques que confère le fait d'être majorité.
— La majorité reconnaît l'existence de minorités dont elle tient à protéger les droits suivants (...) qui ne devront en aucun cas mettre en danger ceux de la majorité.

PIERRE TRUDEAU, PREMIER MINISTRE EN EXIL...

(*Le Maclean*, mai 1976)

C'est par distraction que Pierre Trudeau s'est retrouvé premier ministre du Canada. Ce qu'il a toujours voulu diriger, au fond, c'est son pays, le Québec.

Les objectifs de *Cité libre* étaient, pour l'essentiel, du domaine québécois: séparer l'Eglise et l'Etat, faire taire la démagogie d'extrême droite qui régnait au gouvernement et dans les gazettes, arracher la justice à ceux qui la perdaient en des guet-apens partisans contre les Témoins de Jéhovah ou les "communisses". La génération des Trudeau et des Pelletier proposait un nettoyage de l'administration, une réforme de la fonction publique, la modernisation du système d'éducation, la refonte des lois ouvrières. Rien qui puisse se faire d'Ottawa...

Mais déjà Jean Lesage était au pouvoir et la "révolution tranquille" terminée. Les trois "colombes" étaient prêtes pour la politique... avec cinq ans de retard. Pendant qu'elles animaient l'opposition intellectuelle au régime Duplessis, fondant des rassemblements, distribuant des manifestes, investissant la télévision, elles ne voyaient pas que l'ennemi était déjà mort, que le pouvoir changeait de mains et que d'autres achevaient de réaliser les réformes qu'elles avaient appelées.

Surpris, les Trudeau, les Marchand et les Pelletier vont aller chercher à Ottawa, faute de mieux, un outil, une légitimité parallèle. Ils se préoccuperont moins des affaires nationales, qu'ils administreront assez mollement pour susciter un "backlash" dans le reste du pays, que de l'avenir de leur province, déclenchant contre les premiers ministres québécois une guerre de juridictions destinée à leur assurer une autorité constitutionnelle qu'ils n'ont pas pour diriger le Québec. Ainsi, encore simple ministre, Pierre Trudeau sabote une révision constitutionnelle qui aurait augmenté les pouvoirs de Daniel Johnson et diminué ceux... de Pierre Trudeau. Il impose au gouvernement Bertrand, qui désirait orienter autrement le développement économique et urbain de la

région montréalaise, un aéroport aussi monstrueux qu'inutile.
Il développe, au nom de la "présence fédérale", une attaque
en règle contre l'intégrité du territoire québécois. Il ira même
jusqu'à infliger aux citoyens du Québec, "minorité comme
une autre, comme les Hongrois ou les Chinois", dira-t-il, une
intervention militaire brutale et à suspendre leurs libertés,
pour réprimer un complot-bidon.

On impose au Québec des politiques et des programmes
qui ne lui conviennent pas, au point de faire démissionner un
Claude Castonguay. On utilise dans tous les domaines le
"pouvoir de dépenser", autre nom de la "loi du plus fort",
pour casser les Québécois, restreindre leur droit au "self-
government", empêcher leur évolution normale, ne leur
laissant d'alternative que le melting-pot multiculturel, ou
la sécession.

Plus tard, Trudeau s'emportera d'autant plus grossièrement
contre Bourassa, qui lui a fait faux bond à Victoria, qui ose
parler de "marché commun canadien" et qui s'accroche à la
bouée de la souveraineté "culturelle", que c'était *son* homme,
les libéraux fédéraux étant intervenus pour liquider Lesage,
puis écarter l'*outsider* Claude Wagner et le nationaliste
qu'était malgré tout Pierre Laporte.

Dans un pays comme le Canada, les premiers ministres sont
toujours (à l'exception des mandarins comme Lester Pearson)
"régionaux". Mais les divergences entre les régions anglophones
et le gouvernement "national" restent mineures, ou
compensées par une sorte de loyauté envers les institutions.
Avec le Québec, il n'y a guère de liens que de rentabilité —
Robert Bourassa l'a bien senti — et l'élection d'un premier
ministre canadien originaire du Québec déséquilibre le
système: l'Etat fédéral bouffe l'autre. Les Québécois ont en

général su diviser pour éviter d'être avalés tout ronds: quand ils l'ont oublié, comme en 1939 ou en 1970, ils assistent à la destruction de leur Etat, le seul des soixante-et-quelque gouvernements d'Amérique qui puisse garantir leur survie culturelle.

Dans leur précarité, ils croient, bien à tort, tenir un avantage en ayant deux gouvernements, un en résidence, l'autre en exil.

VOTERA, VOTERA PAS?

(*Le Maclean*, juillet 1974)

Faut-il s'abstenir?*

La question se pose parce que le Parti québécois a donné une réponse et qu'il a mobilisé en octobre le tiers des électeurs. Si son mot d'ordre était rigoureusement suivi, la moitié seulement des inscrits déposeraient leur billet dans l'urne, pour peu qu'on puisse additionner aux souverainistes les 20 p. cent d'abstentionnistes habituels. Cette érosion de la représentativité des députés fédéraux serait pour les

*Il s'agissait des élections fédérales du 8 juillet 1974; nombre d'indépendantistes québécois refusaient de voter, le choix du gouvernement d'un pays "étranger" ne les concernant pas!

indépendantistes une victoire remarquable. Mais ces mots d'ordre, on le sait, sont rarement suivis.

Il est difficile, on le concède, à des citoyens qui rejettent l'union fédérale avec le Canada anglais d'accorder leur suffrage à un candidat fédéral quel qu'il soit. Même du Nouveau parti démocratique dont les affinités sociales-démocrates ne garantissent nullement que son élection provoquerait un retour de pendule et assurerait un plus grand respect des prérogatives constitutionnelles des provinces. Bien au contraire. Même du Parti conservateur, éternellement incapable de capitaliser sur la situation et qui reste incroyablement extérieur au Québec. Surtout du parti libéral, même si un vote massif du Québec pour les libéraux, au moment où le Canada anglais s'apprête à renouveler son appui solide à Robert Stanfield, risque de "séparer" le Québec en imposant au reste du pays un "french power" dont il ne veut plus et en menant à Ottawa un "bloc québécois" dirigé, ironiquement, non pas par des séparatistes mais par leur bête noire même, Pierre Trudeau.

Mais il est difficile tout autant pour une société de rejeter l'indépendance et de se comporter six mois plus tard comme si elle était faite; de choisir en octobre le fédéralisme et de considérer les élections de juillet comme des élections vaguement allemandes, britanniques ou françaises; de s'affirmer Canadiens puis de préférer le duel Giscard-Mitterand au divorce Trudeau-Lewis.

Pour quelques années au moins, donc, le gouvernement canadien continuera d'être aussi celui des Québécois, à gérer un budget de 15 milliards de dollars de nos impôts, à légiférer en matière de transports, de commerce extérieur, de crédit, d'habitation, à lutter ou pas contre l'inflation, à empiéter ou non dans tous les domaines de juridiction provinciale, à gaver de milliards une Défense nationale qui prend de plus en plus des airs d'opération de police intérieure, à cautionner une Commission de la capitale nationale qui fait de moins en moins d'aménagement et de plus en plus de géopolitique.

On accepte mal d'en laisser d'autres voter pour soi là-dessus. D'autant plus qu'en politique, ce qui se fait est fait et que, l'indépendance du Québec fût-elle inévitable et prévisible, nous emporterons avec nous l'essentiel des réformes gagnées comme nous hériterons de l'essentiel des problèmes non résolus. Même des gens pour qui Canada est un gros mot et la Confédération un *casus belli* ont intérêt à mettre en place des hommes susceptibles d'aborder des négociations dans un esprit de raison. L'approche du Parti québécois, comme son budget de l'an 1, est théoriquement correcte; stratégiquement, elle ne colle pas aux faits politiques.

S'il faut voter, le hic, c'est pour qui...

Dans le cas du Crédit social, les prochaines élections sont peut-être l'occasion de liquider, comme la chose a été faite au plan provincial, un parti de nuisance, une illusion de rébellion dont on n'a jamais su si elle voulait réaliser des objectifs de gauche avec des méthodes de droite, ou sauvegarder des valeurs de droite avec une passion de gauche. Le NPD, lui, reste un programme lointain dans l'espace comme dans le temps, une volonté de changement qui ne milite au Québec qu'en période électorale, qui présente quelques candidats pour dépanner ceux qui ont des crises de conscience, qui a même tenté cette année de faire faire ses devoirs par le Parti québécois. Il mériterait mieux, mais les électeurs aussi. Il aura de nouveau un succès d'estime.

Ceux qui votent pour des noms, pour des vedettes plutôt

que pour des programmes ne seront pas mieux servis. On peut en avoir assez du personnel politique en place sans pour autant brûler de passion pour Marcel Masse ou se réjouir de retrouver un Claude Wagner ministre de la Justice. Ou de quoi que ce soit. Pourquoi changer pour ne rien changer, en matière sociale ou économique? Pourquoi risquer plus bête en matière de bilinguisme, de langue ou de radio-télévision?

Les libéraux, eux, ont une "option" permanente sur les Canadiens français, un peu comme Robert Bourassa "tient" les anglophones du Québec. Des électorats captifs, qui ont attaché leur destin, à tort ou à raison, pour des raisons historiques et d'émotion, à un parti unique. La tradition, l'intérêt, les intérêts, la paresse se ligueront pour conserver aux libéraux un Québec qu'ils méritent de moins en moins.

Alors, voter ou s'abstenir?

Le voyage au bureau de scrutin forcera au moins chaque électeur à bien définir le dilemme québécois, à bien sentir le cul-de-sac politique où nous sommes, à bien constater la paralysie complète de ce conglomérat d'intérêts divergents qu'est le Canada, paralysie qui ne se dénouera que le jour où la coalition des minorités se sera découvert un nouveau dessein commun, c'est-à-dire quand sera résolu ce que l'on appelle pieusement crise constitutionnelle, et qui est une crise politique.

A moins que le malade ne meure avant.

UN CANADA UNI, UNI, UNI...

(Le Maclean, septembre 1974)

Pendant que Robert Stanfield faisait de l'inflation le thème de sa campagne, s'imaginant bêtement que le citoyen s'en inquiète, Pierre-Elliott Trudeau et ses virtuoses du subliminal offraient aux masses, en même temps que le train de Laurier et le "siècle du Canada", la sécurité d'un gouvernement "solide", c'est-à-dire majoritaire et capable de satisfaire l'instinct de puissance d'une nation canadienne en pleine fièvre nationaliste, d'autant plus impatiente de tâter des rêves de Sir Wilfrid que l'alternative américaine est plutôt dévaluée par les temps qui courent.

Nous n'avons guère vécu en régime confédératif que le temps de négocier et de signer l'Acte de l'Amérique du Nord britannique. Il est dans la nature du pouvoir d'étendre son empire, et dans celle de l'Etat d'exister pour soi sitôt que les citoyens le créent pour eux. La conquête est une défense. Chaque ministre assure son importance, chaque fonctionnaire son influence et sa pérennité en agrandissant le champ de ses responsabilités, en multipliant lois et programmes, impôts et subventions. Le gouvernement central a grignoté les autres pour éviter d'être dévoré: les seuls temps d'arrêt ont été les périodes d'instabilité politique et de gouvernement minoritaire.

La tentation était d'autant plus grande qu'en termes de puissance politique ou économique, le Canada n'était pas une machine fonctionnelle. Frères ennemis ou immigrants fuyant les absolutismes, les Canadiens ont pu chercher un temps à diviser le pouvoir, mais il semble que les colonies devenues nations cherchent aujourd'hui l'inverse. Jacques Parizeau parlant du Canada comme d'une "maison de fous" exprime le même jacobinisme que Pierre-Elliott Trudeau et Marc Lalonde proposant leur "manifeste pour une politique fonctionnelle".

Le gouvernement fédéral a abondamment marché dans les plates-bandes des provinces, au hasard des crises, des guerres, des rentrées fiscales, de sa convenance, ou du simple patronage. Exception faite du Québec, les provinces dépensent pour l'essentiel de l'argent tendu par le fédéral et appliquent localement des programmes standards conçus à Ottawa. La prochaine étape de l'instauration d'un régime unitaire sera plus subtile mais plus systématique.

Jusqu'à présent, le gouvernement fédéral s'est attaqué de front au domaine social, où il est entré non seulement par les régimes de retraite et d'allocations, mais également par les politiques de logement. Décidé à traiter directement avec les municipalités, il s'apprête à orienter, par les politiques de transport en commun, le développement urbain et l'aménagement du territoire. Par les subventions agricoles et industrielles, c'est déjà lui qui décide si vous serez agriculteur ou col bleu. Déjà influent dans l'éducation par les programmes de formation technique, de recyclage et de main-d'oeuvre, ainsi que par certaines formes d'aide aux universités, Ottawa y consolidera sa position par le biais des politiques de recherche et de développement, ainsi que par des mesures destinées à augmenter la mobilité de cette unité de travail qu'est le citoyen, jusqu'ici retenu sur place par des racines qui s'appellent métier, propriété, famille ou langue. On peut s'attendre à voir se multiplier, au nom de la décentralisation, les programmes s'adressant directement aux individus, sous les prétextes de l'information, de la culture, de l'animation sociale ou des loisirs.

Il n'est pas dit que tous ces programmes soient mauvais: ils correspondent souvent à des besoins laissés inassouvis par l'insignifiance des pouvoirs provinciaux et locaux. Mais ils transforment, sans jamais poser directement la question, la nature du système politique canadien.

Le prochain champ de bataille est celui des richesses naturelles. Il existe une Commission du blé, une autre de l'énergie, pourquoi pas une du bois ou des ressources minérales? L'Alberta est aux prises avec le gouvernement fédéral à propos du pétrole, rien n'exclut que la Saskatchewan n'aura pas à défendre sa souveraineté sur les phosphates, l'Ontario sur l'uranium, le Québec sur le minerai de fer ou, plus vraisemblablement, sur l'électricité. Le problème se pose au moment de l'exportation de ces matières; Ottawa dispose également des pouvoirs pour le soulever à propos du financement ou de la fiscalité. Déjà le budget Turner, au printemps, prétendait empêcher les entreprises de défalquer de leur impôt fédéral les royalties déjà versées aux provinces.

Jusqu'à tout récemment, les travaux des provinces dépassaient rarement la centaine de millions. Même la Voie maritime, entreprise nationale gigantesque à l'époque, n'a guère atteint le demi-milliard. Désormais, on laboure la planète à une tout autre échelle: qu'il s'agisse de Manic, du Labrador, de la Baie de James, des sables pétrolifères, des réserves d'eau douce ou des centrales nucléaires, les sommes en jeu ont un tel poids monétaire que le gouvernement fédéral se verra amené à intervenir au niveau des emprunts et des investissements. Si le coût de la Baie de James atteint la quinzaine de milliards, comme le prévoient les moins pessimistes des observateurs, il faut s'attendre à ce que le financement dépasse la responsabilité des seuls Québécois et qu'y participent d'autres gouvernements.

Le gouvernement fédéral l'a vu, qui prévoyait déjà dans son Livre blanc sur l'énergie l'unification des réseaux d'électricité du Québec, des Maritimes et de l'est de l'Ontario. Le "power grid" de l'ère Diefenbaker, remisé par une succession de gouvernements minoritaires, revient à la surface. L'appui que recevra le Québec des autres provinces sur ces questions et d'autres tout aussi importantes, comme celle des communications, c'est celui qu'il aura d'abord offert à l'Alberta, à Dave Barrett, ou au Manitoba dans leur lutte contre la Commission nationale de l'Energie.

Hélas! pour la première fois, le Québec a un gouvernement qui ne se comporte pas comme un gouvernement québécois, traditionnellement jaloux du respect des pouvoirs acquis, mais comme une simple administration. Cette administration, qui se veut composée d'abord de gestionnaires — d'une qualité d'ailleurs discutable — confond gestion et gouvernement, affaires et politique. Pour ces gens, tout est négociable, trafiquable, et la solidarité, on l'a vu, est plus ministérielle que sociale ou nationale.

L'Etat fédéral a le champ d'autant plus libre que les Québécois, empêtrés dans leur vieux nationalisme chauvin, ont l'illusion de le contrôler par "certains des leurs", et que les partis d'opposition seront avant tout occupés à renouveler leurs programmes, leur personnel et leur image et à se chercher de nouveaux leaders. D'ailleurs, il faut voir qu'ils n'ont aucune objection fondamentale aux politiques actuelles. Ces partis canadiens représentent une nation qui a de tout temps cherché auprès du gouvernement central les directions, l'unité, l'identité que les Québécois cherchaient naguère auprès de leurs gouvernements autonomistes et que plusieurs d'entre eux ont chargé de nouvelles forces politiques de défendre.

Dans cette perspective, il faut craindre que les provinces ne deviennent de vastes préfectures relevant d'un ministère fédéral des Affaires régionales, tout comme les gouvernements provinciaux ont des ministères des Affaires municipales. C'est une orientation légitime, beaucoup l'ont prise, encore faudrait-il la choisir consciemment.

SCALPS

QU'ON EST BIEN CHEZ SOI!

(*Le Maclean*, septembre 1975)

Le Boeing 747 trace son quadruple sillage blanc dans le ciel
du Pacifique. J'ai douze heures pour reprendre le contact
avec le Québec, me recycler, après cinq semaines d'isolement
au fond d'une Asie toute préoccupée de sa révolution, de son
combat planétaire, étanche à nos folkloriques rumeurs.

Les écouteurs m'apportent Jean-Pierre Coallier qui présente
un palmarès de la chansonnette québécoise et française.
L'hôtesse distribue gentiment des gobelets d'une limonade
totalement artificielle, des magazines et les journaux de
Vancouver.

Le choc est violent.

— Des charognards vendent aux Québécois depuis des
années de la viande pourrie ou infectée. Les ministres n'en
savaient rien. Les mandarins de la fonction publique
québécoise non plus... Foutaise. Déjà en 1962 *le Nouveau
Journal* dénonçait le racket.

— Henry Morgentaler, pourtant en prison, est de nouveau
accusé et jugé. Jérôme Choquette avait sans doute rêvé d'une
peine plus lourde. Nouvel acquittement. Nouvel appel. Et si
ça ne suffit pas, on fera au docteur autant de procès qu'il a
fait d'avortements. Il en avoue 3 000. Dans son légalisme
revanchard, notre ministre de la hargne ne voit pas que
l'institution du jury n'est pas qu'une commodité
administrative: c'est un rempart, même imparfait, contre une
justice de classe, et surtout une façon d'introduire l'état
présent de l'opinion publique dans une Justice en retard par
tradition et par principe.

Le surlendemain, au bureau, le recyclage s'accélère: la pile de journaux me vient à l'épaule...

— Jérôme Choquette (cet homme est décidément incorrigible) fait adopter des lois selon lesquelles l'accusé est présumé coupable. "La présomption d'innocence des prisonniers n'est un acquis dans l'absolu que pour les idéalistes", dit-il. Quant à reculer de quelques siècles, pourquoi réserver la procédure aux grévistes? Pourquoi ne pas l'appliquer aux responsables de l'asbestose, à ceux qui ébouillantent ou asphyxient les travailleurs, aux vendeurs de voitures usagées défectueuses, aux organisateurs de ventes pyramidales, aux commerçants de charogne?

— On a recueilli un million de signatures pour faire interdire l'avortement. Heureusement, 21 millions de Canadiens n'ont pas signé! D'ailleurs, trois journaux plus loin, je trouve une lettre d'un des signataires: "Morgentaler est un bébé braillard qui veut nous faire le coup du martyr comme ses petits frères de Dachau." Voilà qui situe les militants de la grossesse obligatoire où je les ai toujours vus. Chez les fascistes, avec tous ceux qui veulent imposer *leur* morale aux autres.

— Sur le même sujet, je note qu'on n'arrête pas beaucoup de faiseuses d'anges et de virtuoses de l'aiguille à tricoter. On réserve sa hargne aux médecins spécialistes. Le ministre de la Santé se lave les mains: la loi est fédérale, il ne peut rien faire. La loi, toute fédérale qu'elle est, lui confie pourtant le soin de déterminer quelles cliniques seront autorisées à procéder à des avortements...

— Des citoyens qui ont déjà acheté leurs soins médicaux en contribuant à l'assurance-maladie acceptent sans mot dire que leurs médecins se retirent du système et les forcent à payer deux fois.

— Les Indiennes n'ont pas le droit d'épouser des Blancs...

— Le solliciteur général Allmand demande une enquête sur les activités "illégales" de la CIA au Canada? Aurait-elle des activités "légales"?

— Jérôme Choquette (encore?) dénonce la décomposition de la "fibre morale" et l'irrespect de la loi. Exigera-t-il la démission de la moitié de ses collègues? Il trouve que le film *les Ordres* démontre que ses policiers sont des modèles de douceur et des parangons de vertu!

— Ces policiers-là exigent le rétablissement de la peine de mort. Parce qu'elle est "efficace". Il faudrait commencer par arrêter les assassins. Sur quelle proportion met-on la main? Quant à l'efficacité, la torture ne serait-elle pas plus efficace? Ou ne pourrait-on étendre la peine de mort? l'appliquer aux voleurs, aux fraudeurs, aux drogués, aux chauffards?

— Les postiers et le ministre des Postes sont "malades". On s'en doutait.

— Sur le front de la charogne, Bourassa annonce: "Mon gouvernement s'apprête à frapper les fabricants (sic) de viande avariée, de sorte que les coupables *pourraient* se retrouver en prison." Pourraient? "Tous les indésirables, ajoute-t-il, seront éliminés du marché." Le lendemain, le président de la CECO refuse de dévoiler les noms de 400 épiciers coupables "pour leur éviter la faillite". Mais imaginez-vous donc qu'on *aimerait* qu'ils fissent banqueroute! Décision, d'ailleurs, souverainement injuste pour tous les épiciers qu'on soupçonne et qui n'en ont pas vendu.

— Le ministre Toupin adopte "un train de mesures" (une loi, quoi!) pour corriger la situation. Rien dans la nouvelle loi n'exige que les inspecteurs s'y connaissent en hygiène. Et comment feront-ils appliquer ces nouveaux règlements, eux qui étaient incapables de faire appliquer les anciens?

— Les amendes contre les charognards? de 1 000 à 5 000 dollars. Rien de bien terrible dans un pays où on impose une amende de 50 000 dollars à un gréviste qui refuse de rentrer au travail.

— Le stade olympique coûtera de 375 à 400 millions. Il devait en coûter le quart. Cette Baie de James de la bêtise représente une ligne entière de métro, un an d'assurance-maladie, la masse salariale des enseignants du Québec, une centrale nucléaire moyenne, 150 écoles secondaires. A six mille dollars par siège, il faudra vendre bien du popcorn. Une place-élève dans une école coûte le dixième...

Le génie imbécile qui est maire de Montréal à temps partiel l'aura son mausolée. Espérons qu'on le nommera Stade Jean Drapeau pour que les cochons de payants sachent bien, pendant trente ans, à qui réserver leurs ronchonnements. Les plombiers et les électriciens qui construisent le Taillibert Follies touchent, dit-on, 15 dollars l'heure. 697 par semaine. Quand je suis parti, ils étaient en grève, s'estimant mal payés. Mais devant le spectacle du gaspillage qu'autorisent les administrateurs publics, peut-on les blâmer de réclamer leur part des dépouilles?

... Je me promets, à l'avenir, pour éviter les indigestions de bêtise, de la déguster comme tout le monde, par petits morceaux, chaque matin dans mon journal. Les Chinois, de chez qui j'arrive, ne m'ont pas posé une seule question sur mon pays: heureusement. Mes journaux à la poubelle, j'irai dîner d'une entrecôte, sans inquiétude: ce n'est pas tant le trafic de la viande avariée qui se pratique ici, que celui de la *pensée* avariée...

LE SYSTÈME DÉDÉ

(*Le Maclean*, mai 1975)

Naguère, quand on rêvait de politique, on se portait candidat. Pour la gestion, on entrait au CN, à l'Alcan, chez ITT ou même Marine Industries. Aujourd'hui, au Québec, c'est l'inverse.

Sous le règne de Robert le Gestionnaire, on a officiellement exalté l'efficacité, la rentabilité, la rationalité. Dans les faits, on a rarement vu les affaires publiques dans un tel chaos. Et quand ce n'est pas la gabegie qui étonne, c'est le silence sinon l'indulgence devant les combines les plus grossières, le népotisme, la corruption de fonctionnaires.

Ce gouvernement de "techniciens" n'a pas fait de miracles: c'est l'inflation qui a financé, en même temps que le patronage, l'expansion apparente des dépenses publiques, en augmentant clandestinement les impôts. Après cinq ans de pouvoir — un an de moins seulement que Jean Lesage — non seulement Robert Bourassa n'a-t-il pas réglé la question linguistique, il l'a envenimée en camouflant sous la colère de Monsieur Springate le recul des intérêts les plus vitaux des francophones. En éducation, le secteur privé ronge la moelle du secteur public pendant que le monstre froid qu'est le ministère "étudie"... Le secteur de la santé est en train d'avaler tout l'Etat sans qu'on semble s'inquiéter ni fixer de limites. Loisirs: zéro. La culture ou l'environnement: des mots, presque aussi pitoyablement comiques que le casque de pompier de Jean Cournoyer. Les ressources sont à l'encan, l'énergie offerte en prime. L'investissement étranger, nous l'achetons, et cher.

Attribution des contrats, engagement du personnel, tout

relève de pouvoirs parallèles. On monnaye les plus hautes
fonctions derrière l'anonymat des sigles. La politique de la
famille consiste à aider la sienne. Et ce pouvoir qui corrompt,
dit-on, corrompt d'abord ceux qu'il prétend gouverner. On
s'étonnerait qu'il rompe ses alliances: les monopoles
d'extorsion qu'il accorde ne lui assurent-ils pas, les élections
venues, une armée de centurions? Passe une crise, on sacrifiera
quelques petits piranhas pour sauver les requins. Le parti se
confond avec l'Etat, la citoyenneté avec le sectarisme libéral.
Le "système Dédé" est partout. Nous voilà en "état de
décomposition appréhendée"...

La qualité de la vie, le bonheur des individus – que
protègent certaines constitutions – le respect des valeurs
culturelles, l'environnement, la simple sécurité des travailleurs,
rien ne tient devant le profit pompeusement rebaptisé
rentabilité. La vie, pourtant, n'est pas "rentable"... elle est.

Mais sous la houlette de cette génération d'administrateurs-
comptables qui faisait depuis si longtemps défaut, disait-on,
les Québécois se sont mis à jouer à l'économie, sans voir que
tout cet appareil statistico-théorique n'a d'autre valeur que
celle de la mission qu'on lui assigne. Et voilà toute la société
mise au service de l'économique, plutôt que l'inverse. Quand
le monde n'est plus que chiffres en colonnes, nous ne sommes
plus, nous, une société: nous voilà des immigrants, main-
d'oeuvre étrangère dans son pays, privée de toute citoyenneté.
L'absence de projet humain, c'est la formule du fascisme.
Avec ses cohérences idéologiques plaquées. Toutes les sociétés
cherchent à y échapper: les colonies en se débarrassant de
l'oppresseur, les Chinois en inventant "l'homme nouveau", le
Canada en s'inventant une identité à grands coups d'une
feuille d'érable qui avait poussé ici pourtant... Le Québec, lui,

applique les leçons de 1962: s'instruire, c'est s'enrichir. Prendre le pouvoir aussi.

L'essentiel de la politique n'est pas de trouver les réponses, mais de poser les bonnes questions. En octobre 1970, la tâche de gouverner consistait-elle à capturer une demi-douzaine de kidnappeurs en fuite ou à préserver les libertés? La Baie de James, s'agit-il de la faire ou pas, ou plutôt pour qui et comment? Celui qui gouverne fait un choix de société pour l'avenir. La révolution tranquille n'a pas été autre chose: un passage. Même Johnson, même Duplessis choisissaient, bien ou mal, mais caressaient une idée de l'avenir.

La réalité d'aujourd'hui, c'est qu'il n'y a plus rien. Rien qu'atermoiements, fafinages, détournements d'attention. Depuis bientôt dix ans, au moment même où l'Etat fédéral retrouve un dessein et cherche à assurer le nationalisme "canadian", le Québec n'a plus de gouvernement. Robert Bourassa perpétue, à sa façon, Jean-Jacques Bertrand. L'exercice du pouvoir l'ennuie: c'est la conquête qui l'amuse, les stratégies, l'organisation, l'astuce, le plaisir d'arriver. Il épousera n'importe quelle cause pour parvenir. De n'avoir conquis que 102 circonscriptions sur 110, c'est un échec: j'ai toujours soupçonné que l'oncle Paul et lui avaient cru pouvoir les empocher toutes.

"It's all up to premier Bourassa now", écrit le *Financial Post*. On ne voit pas pourquoi les choses changeraient: les gens actuellement au pouvoir n'y sont que par accident. Ils n'ont pas été élus pour "faire", mais pour empêcher quelque chose. Pour bloquer la voie aux séquelles de la révolution tranquille, aux "séparatistes", aux "socialistes". A ces gestionnaires médiocres, les slogans tiennent lieu de programme, les mots, ceux des autres surtout: social démocratie, souveraineté

culturelle — de politique; l'ambition, d'éthique; la pression
multinationale, de projet social. Il leur suffit, pour se tailler
une place, d'achever la dissolution du commencement d'Etat
que les Québécois s'étaient donné autour de 1960, de
disperser, après les Kierans, les Gérin-Lajoie, les Lévesque,
quelques douzaines de grands commis. On a plus de respect
pour les prévaricateurs: c'est qu'on a besoin d'eux.

Pendant les trois premières années, il manquait quelque
chose pour y aller de front: l'illusion majoritaire, le 50 pour
cent des voix plus une qui a manqué aux gouvernements
québécois pendant une demi-génération. On l'a trouvée,
oubliant qu'on ne gouverne pas avec la moitié ni même avec
les deux tiers d'une nation contre le reste sans créer deux
nations ennemies. Des majorités utilisées à cette fin sont des
majorités creuses.

Les éminences de toutes teintes suggèrent un remaniement.
Il aura lieu: le rapport Cliche servira de prétexte, ou une
maladie, ou plus probablement le droit de certains députés à
leur pension (Dame! on n'échappe pas à sa nature). Au théâtre,
nous aurions au moins le loisir de crier qu'on rembourse.

La situation actuelle contient malgré tout sa leçon: qu'il y
a du danger à confier au pouvoir central ce que les citoyens
pourraient fort bien décider chez eux, à toujours rêver de
grosses machines, à tout centraliser — hors la responsabilité!
— et à s'en remettre constamment, en bons jacobins, à l'Etat.
Il n'y a pas de corruption absolue sans pouvoir absolu. Pas
d'Etat policier sans, en même temps, un Etat gangster. Et la
démocratie, comme le folklore, c'est local.

SHÉRIF, FAIS-MOI PEUR

(*Le Maclean*, août 1973)

Le même jour, comme s'ils s'étaient donné le mot, le premier ministre Robert Bourassa et son ministre de la Justice, Jérôme Choquette, ont laissé entrevoir ce qui les retient ensemble dans le gouvernement centrifuge qui règne sur le Québec.

Au sortir d'une rencontre avec un comité de Québécois inquiets des effets de l'exploitation hydro-électrique du bassin de la Baie de James sur ses habitants indiens, le premier ministre s'est plaint que ses interlocuteurs n'aient eu "que des préoccupations essentiellement morales", et qu'ils ne semblaient pas avoir la compétence "technique" pour discuter de ces questions.

Monsieur Choquette, lui, irrité que le gouvernement du Canada et le code pénal ne lui laissent pas carte blanche en matière d'espionnage électronique et de tables d'écoute, et craignant que des garanties judiciaires du respect de la vie privée n'entravent l'action zélée de ses services, s'est écrié: "On n'arrête pas les professionnels du crime avec de la morale."

Le refrain est connu. On peut multiplier les couplets.

Les professionnels du crime ne font pas leurs millions avec de la morale. Pas plus qu'on ne gagne des élections avec de la morale, ni qu'on en emplit une caisse électorale. Ce n'est pas avec de la morale que la Maison blanche surveillait les préparatifs électoraux de ses adversaires démocrates. Et la morale n'a pas pesé lourd dans la décision d'utiliser au Viet-Nam les bombes au phosphore ou d'y détruire les digues.

Laissons aux grammairiens le soin de déterminer si Messieurs

Bourassa et Choquette sont amoraux ou immoraux.
Remarquons simplement qu'ils tiennent que la vie est plus
simple quand on n'a pas à tenir compte de certaines règles.

Chez Monsieur Bourassa, on reconnaît l'impatience du
technocrate devant les obstacles que la nature humaine, avec
ses imperfections et ses bizarreries, comme les questions de
bien-être, de dignité ou de langue, oppose au "management"
des affaires. Il nous l'a dit: il est un homme de chiffres. Le
social et la psychologie embêtent ces gens-là. Si tous les
humains étaient des unités de production silencieuses, mobiles
et interchangeables, l'administration serait un jeu d'enfants.
Une sorte de réduction au plus petit ordinateur commun.

Pour Monsieur Choquette également, la morale est
l'ennemie de l'efficacité, mais pas l'efficacité des technocrates.
Celle des plus forts. Il ne lui semble pas évident que le
voyeurisme d'Etat est un moyen au moins aussi extrême que
commode, qu'on ne doit autoriser qu'avec une prudence
extrême, c'est-à-dire un maximum de précautions et de
garanties constitutionnelles.

Défendant son point de vue devant l'Association nationale
tchécoslovaque, le ministre de la Justice s'est amusé à
"stigmatiser les anarchistes, les terroristes, les pseudo-
marxistes-maoïstes, et même les caricaturistes et les éditorialistes"! Monsieur Choquette aime les ovations faciles: devant
ce public qui a des raisons émotives de foncer sur le rouge
comme un taureau, on aurait préféré que le ministre
"stigmatisât" les hommes politiques qui acceptent de l'argent
de provenance douteuse, les chefs de police qui ne font pas
leur travail, leurs agents qui se placent en situation de conflit
d'intérêts avec des damoiselles qu'ils devront tôt ou tard
amener coucher... au poste, ou tous les commandos de la

fraude commerciale: ces gens nous semblent menacer davantage la société que "les éditorialistes qui ne représentent pas l'opinion publique".

D'ailleurs, s'ils venaient à la représenter, il faudrait aussi, ajoutait Monsieur Choquette, dénoncer "une opinion publique qui ne comprend pas les problèmes et par laquelle un gouvernement ne peut pas se laisser ballotter"!

En somme, si Monsieur Choquette et son gouvernement ne sont pas contents du public, ils en changent. Ou ils s'en passent. Comme de morale.

"Quand j'entends parler de culture, je sors mon revolver," disait il y a quarante ans Goebbels en se faufilant dans les soupiraux de l'Histoire. Pour lui, la culture, qui l'entravait, c'était ce que traîne l'homme avec lui de leçons apprises, et donc de morale, et qui réduit l'efficacité. D'où le revolver. Il faut par conséquent se dire que la meilleure défense, quand on entend parler d'efficacité, c'est de sortir sa culture, c'est-à-dire sa morale.

Ce que le ministre de la Justice dénonce comme une naïveté, c'est l'éthique. Cette morale, elle détermine la nature des rapports sociaux. Elle indique un choix politique. En dehors d'elle, le droit n'est que celui du plus fort.

La morale est en même temps une logique. Elle permet aux citoyens de savoir si celui qui parle est digne de foi, et de quoi il cause. Quand on annonce sa morale, on est pris pour la vivre. Nous ne votons pas, en effet, pour les gens capables de défendre le plus efficacement leurs intérêts, mais d'administrer au mieux les nôtres. On s'étonne actuellement de l'indécision du public: elle est peut-être due à l'opacité de ses gouvernants. La morale est aussi le roc de la crédibilité politique: on le voit bien par l'affaire du Watergate.

L'Etat, à son origine, n'est que la coalition des citoyens, la nation qui s'organise. Il s'arroge vite une majesté qu'il n'a pas, comme s'il préexistait aux citoyens qui auraient envers lui des devoirs. C'est le propre des forts de se mesurer constamment, celui du pouvoir de chercher à s'étendre. C'est le rôle du citoyen de l'en empêcher. La politique est avant tout une lutte pour la répartition et contre la concentration du pouvoir. A la morale de la domination, les démocrates tentent de substituer celle du respect.

Monsieur Choquette est trop préoccupé d'arrêter les bandits et pas assez de s'en distinguer. La politique est de l'ordre des moyens, c'est-à-dire que les moyens qu'elle emploie la qualifient davantage que les fins qu'elle poursuit. En politique, la fin, c'est les moyens. Aussi, en dehors de la morale, le pouvoir n'a-t-il aucun sens.

PARTEZ, SACRÉS MESSIES!

(*Le Maclean*, janvier 1975)

Jérôme Choquette espère devenir premier ministre des Québécois pour leur donner ce qu'ils n'ont plus depuis dix ans: une direction. Un dessein. Et il annonce la Bonne nouvelle: "Un leader vous est né!"

Leader, mot magique. Un leader, ce n'est pas en soi nécessairement mauvais, ni bon. Lesage en fut un, dont Jérôme s'ennuie. Trudeau en est un, comme Indira Gandhi. Et Hitler et Staline, chacun à sa façon. Drapeau qui nous est cher! Duplessis était "le chef". Et Mao. Et Franco...

Monsieur Choquette ne croit pas nécessaire d'être "brutal et autoritaire": mais retenons qu'il reste l'homme au revolver dont la hantise de la faiblesse nous a valu Octobre, le camp d'internement de Parthenais, la chasse aux femmes en peine d'avortement et les matraquages d'United Aircraft. Les leaders, on dirait que les crises les sécrètent, comme une plaie sa croûte. Les peuples heureux semblent n'en pas avoir, pas plus que d'Histoire: ils se contentent d'être des citoyens. L'Etat y est simplement la société organisée, un outil, un effet, pas une raison ni une fin.

Cela, Jérôme Choquette dit le souhaiter, qui dénonce avec raison l'intervention des technocrates dans nos vies, en montrant du doigt des partis où il fait mine de les voir tous rassemblés. Il prêche la régionalisation, comme tout le monde. Mais il n'y a rien dans sa démarche qui laisse prévoir qu'il puisse mâter les pouvoirs. Sa démocratie, il nous la parachute préfabriquée de son Olympe outremontain. Un Messie, vieux démon des Québécois: les Juifs attendent le leur depuis 4 000 ans, nous en pondons un aux vingt ans...

Avant de dire tout le mal que je pense de cet élitisme politique, autant admettre le bien que l'opinion veut qu'on dise de son incarnation jérômienne. Courageux. Est-ce devenu si rare? Honnête, intègre: soit. Mais la foi n'est pas une attitude politique. Intègres, tous *doivent* l'être: les élections ne sont pas des procès: elles ont pour enjeu le choix du modèle de société qu'on choisit d'habiter.

Le discours d'entrée en campagne de Jérôme Choquette était inquiétant: il révèle un homme de droite, que le simplisme de ses analyses politiques va conduire demain à l'extrême-droite. Pendant que crevait à Madrid le sanguinaire assassin corporatiste qui, au nom de l'ordre, de la discipline et des valeurs "fondamentales" a atrophié l'Espagne, Jérôme invitait à ses côtés son consul, représentant du franquisme, du catholicisme putschiste, de l'inquisition, de l'Octopus Dei... Est-ce une alliance, une relève, une sympathie inconsciente? Il fallait, en tout cas, un sacré culot.

Jérôme Choquette s'adressait "au-delà des partis," transcendant "la gauche et la droite," "aux gens de toutes allégeances," comme si l'essence même de la politique n'était pas de regrouper les hommes selon des idéaux, des conceptions de la vie, des projets. Un parti sans programme, c'est un architecte sans contrat. Choquette veut sans doute "passer un Taillibert" à la masse de ceux qui rêvent de politique sans politiciens, puisque "la-politique-c'est-sale-cessons-nos-luttes fratricides-il-nous-faut-un-dictateur". Jérôme est son propre programme: "Le chef et le parti forment un tout", déclare-t-il, comme naguère Drapeau, affirmant que le chef doit être au-dessus du parti, refusait d'être membre du sien!

Son jargon lui-même est franquiste. Ses valeurs sont "fondamentales" et "vraies" (celles des autres sont fausses?); il entend regrouper les "forces vives" (si vous dites non, vous êtes un cadavre?) Il propose le "retour aux sources", le "consensus", sans préciser. De l'an mil? De 1936...

L'éducation universelle, la santé accessible, la sécurité, pour un peuple qui n'en avait jamais eu, une administration publique dans un pays qui n'avait connu que le népotisme, ce sont "des réformes brutales, nées d'idées qui ont vieilli vite...". La bêtise, il est vrai, est éternelle. Ce rabâchage de clichés, cette cabale contre les taxes, adressée aux gens précisément qui n'en paient pas et en bénéficient, serait pompeusement rebaptisé parti "national." Nationaleux, plutôt, dans la tradition du juste milieu autonomiste où l'on abandonnait en chiâlant ce que Bourassa cède en silence. Serait-on insoumis, que le parti libéral a montré ce qu'il faisait des amateurs de statut particulier: Gérin-Lajoie, de l'aristocratie du parti, a été luxueusement casé: René Lévesque, roturier et journaliste, a été expulsé... Même Daniel Johnson le rusé n'a rien gagné.

En 15 ans, les faits ont amené les Québécois à marquer les pôles d'une alternative. Le choix est difficile: aux angoissés, Choquette offre une dernière occasion de le remettre au lendemain. Il sera servi par cette inquiétude que certains appellent désarroi, par l'incompétence de ses ex-collègues, par la situation financière difficile du Québec, par la bêtise d'une bureaucratie aussi arrogante qu'inepte, par les horreurs du piccolo teatro de la Ceco, par la nostalgie de l'unanimité qu'entretient une cabale de dévôts qui veulent leur messe en latin, un monde sans Concile du Vatican, du réarmement moral sans protestants.

"Nous voulons du neuf!" Le slogan fait rire. Comme pendant la Grande Crise, on taille son neuf dans du vieux: dans la nécrose unioniste et les débris créditistes. Il est significatif que Jérôme Choquette soit allé aux "sources", chercher son "dépôt culturel" et ses appuis "nationaux" chez Fabien Roy et Maurice Bellemare, alors que ce n'est ni au Cap ni sur la Chaudière que la vie nationale est menacée, mais sur le front de Hull, celui de Sept-Iles, à Montréal et à l'Assemblée nationale même.

Cela fait espérer. On se dit que le Québec rural monolithique de 1936 a été emporté, et qu'on ne vendra plus dans les campagnes de Petit Catéchisme de l'Electeur. On se dit que s'il y a vide politique, il n'est pas à droite: il y aurait plutôt de ce côté-là un embouteillage de gens qui savent que le pouvoir et l'argent s'y trouvent! On se dit aussi que le nouveau Jérôme Choquette, "charismatique" relaxé, qui a "confiance au peuple," aurait de l'avenir s'il s'éloignait des affairistes cossus qui grenouillent autour de la caisse de l'Union nationale et s'il acceptait le vrai défi politique: des petites gens, des militants, des cotisations au compte-gouttes, du travail d'explication. C'est long: le PQ, après sept ans, n'est pas au bout de ses peines. Mais ce serait vrai.

Pour l'instant, la discipline de monsieur Choquette, son ordre, son consensus, son bien commun, c'est du lyrisme creux de la même farine que celle de la gogauche narcisse-léniniste. Mais en plus dangereux.

UN PODIUM DE SIX CENTS MILLIONS

(*Le Maclean*, février 1973)

Jean Drapeau ne portera jamais les cheveux longs pour plaire et flatter l'opinion. Là où le politicien moyen se fait cajoleur, tisse un filet d'alliances, soigne son image de séducteur, le maire de Montréal, lui, joue sa partie seul, exige, se fait volontiers bête et ingrat.

Que pensent de lui aujourd'hui les survivants de la gauche antiduplessiste à qui il s'offrait, de 1957 à 1959, comme le fer de lance de la lutte contre le pouvoir personnel et la corruption de l'esprit?

Que sont devenus les hommes dont il s'est servi comme marchepieds: les Pax Plante, Pierre DesMarais, Lucien

Saulnier? Et les autres de cette Ligue d'Action civique dont il refusa toujours d'être membre, sous prétexte qu'un chef doit être au-dessus de ses troupes, de cette Ligue qu'il abandonna d'ailleurs du côté de l'opposition, quelques semaines avant de passer de celui du pouvoir?

Des psychologues analyseront un jour la technique de gouvernement de cet homme, le Grand Robert de la politique, pour qui un parti n'est pas un outil pour consulter ou pour convaincre, mais une machine à occuper toute la place et à étouffer toute discussion de la chose publique. Lors des dernières élections, Jean Drapeau se vantait d'avoir rédigé seul, à la main, le programme de son parti.

Etonnante dialectique qui consiste à éluder les questions, à entortiller les réponses, à mélanger les genres, à opposer à l'opinion publique "son public". Des refrains qu'il martèle, il sait qu'il restera quelque chose, même si l'auditeur garde l'impression que ce qu'on lui dit n'est vrai que le temps qu'on le lui dit.

On pense à du football joué au sol, en mêlée. Qui a le ballon? Où est le ballon? Touché. Sans qu'on ait rien vu. Ou à Esposito, "parqué" devant le but, ni élégant, ni toujours correct, mais qui "score". La politique à Montréal est devenue un sport professionnel, c'est-à-dire un spectacle offert à une foule amorphe, qui se soucie peu qu'on lui mente ou qu'on lui dise la vérité puisqu'elle sait qu'elle n'aura pas le dernier mot.

Cette passivité est telle qu'il a fallu l'exemple de Denver pour qu'on pense même à exiger un référendum sur la tenue des Jeux olympiques. Ce référendum, Monsieur Drapeau n'en veut pas, non point qu'il ait peur de le perdre, mais parce que d'avoir à discuter, serait déjà partager un pouvoir qui doit, dans son esprit, rester entier.

L'idée du référendum est déjà oubliée: les maires de banlieue qui l'ont proposé ont bien des choses à négocier au Conseil de la Communauté urbaine et se sont rapidement tus.

Il est pourtant inconcevable que l'on ne consulte pas, que l'on refuse de consulter ceux qui les paieront, sinon sur la tenue des Jeux, du moins sur leur ampleur, leur coût et le mode de paiement. L' "olympisme" vaut-il que l'on trompe, que l'on cache, que l'on mente?

Car c'est bien de cachotteries qu'il est question. Monsieur Drapeau retient les services d'un architecte (étranger pour plus de discrétion) et montre les plans d'un stade avant même d'avoir rencontré les gouvernements. Lui qui déléguait son directeur de l'habitation en Europe, pour impressionner le Comité olympique, ne le consulte plus quand vient le temps de construire d'un seul coup deux fois plus de logements à prix modiques qu'il n'en a mis en chantier en quinze ans de pouvoir.

Cacher les faits, c'est bien ce que fait monsieur le maire chaque fois qu'on l'interroge sur le coût des Jeux. La première fois, il a hasardé le chiffre de dix à quinze millions. Voyant qu'on ne riait pas, il a affirmé ensuite que les Jeux ne coûteraient rien! Comme l'Exposition et Terre des Hommes sans doute. Cet hiver, il en est à 120 millions. Le ministre Raymond Garneau, qui prétend connaître les projets du maire, s'attend plutôt à 300 millions, alors que l'entourage de Monsieur Marc Lalonde, qui affirmait encore en décembre n'être au courant de rien, évalue plutôt la note à 450 millions de dollars. Le *Financial Post* évalue l'intérêt sur le coût du seul village olympique à 309 millions.

On s'achemine allègrement vers les 600 millions dont parle le nouveau maire de Toronto, Monsieur Crombie, qui est prêt à partager avec Montréal tant la facture... que le spectacle. Six cents millions: le coût de la rénovation de cent mille logements. Cinq cents dollars par Montréalais.

Monsieur Drapeau n'est pas dupe. Tout en continuant à affirmer qu'il n'en coûtera rien, il s'agite sur les tribunes, parle d'impôt municipal, lorgne vers les "surplus d'Ottawa", exige une redistribution de l'assiette fiscale. Et quand il ajoute que "les Jeux seront un important facteur d'unité au Canada", on voit enfin le jupon qui dépasse.

Faut-il dire non aux Jeux? Certains parlent de les abolir. La grande "fraternité" en a pris un coup à Munich quand les 9 000 athlètes sont allés s'entraîner, au lieu de se masser en signe de solidarité devant la résidence de leurs collègues israéliens. Au-delà du chauvinisme, du mercantilisme, du militarisme de cette néo-liturgie, on retrouve la beauté du geste physique, l'hommage à l'excellence et un encouragement à l'exploit que ne sauraient donner seules les bedaines qui nous administrent.

On pourrait aisément réaliser les "Jeux économiques" dont Monsieur Drapeau nous rebattait les oreilles quand il les quémandait encore.

Aux athlètes, il ne faut que pistes et terrains. Ce sont les stades et les estrades qui coûtent cher. Un million de personnes seulement ont pu s'asseoir dans ceux de Munich alors que 800 millions ont vu les Jeux à la télévision, d'en haut, d'en bas, sous l'eau, en reprise, au ralenti, à tel point qu'on apportait son appareil de télé dans les gradins. Qui trouverait-on de toutes façons dans ces gradins? des ouvriers, des cols blancs, des employés municipaux? Combien de Montréalais? On y retrouverait le "jet set" des amis du pouvoir, qui auront déjà profité de l'assiette au beurre, toute cette classe socio-économique que le Parti civique représente admirablement bien. Comme l'hydrogène, l'argent a un pouvoir ascensionnel redoutable: les Jeux, comme les expositions, sont des moyens de transférer les sous des bas de laine aux comptes en Suisse. Pour Monsieur Drapeau, ils sont un podium de 600 millions de dollars.

Et quant à se passer de stade, pourquoi ne pas aussi se passer de village olympique en laissant les athlètes chacun chez soi, confiant à la télévision le soin de les regrouper sur le village planétaire du petit écran?

L'opération aurait l'avantage d'éviter la fouille à l'hôtel, dans la rue, au guichet des stades, parce qu'après Munich, il faut s'attendre à *cela* aussi. Nous éviterions enfin de situer et de dessiner le logement des économiquement faibles de la prochaine décennie en fonction des exigences et des besoins des athlètes biélorussiens ou népalais, d'organiser notre vie et de planifier nos investissements des dix prochaines années en fonction d'un "show" de deux semaines, auquel nous ne pourrons même pas assister.

Dans cinq ans, on pourra plus facilement déterminer ce que les Jeux olympiques ont fait pour Jean Drapeau que ce que Jean Drapeau a fait pour l'olympisme. Et pour Montréal. En avril dernier, le premier ministre Trudeau disait: "You smell a rat. So do I." A rat. Un sapin.

Il importe que le premier ministre du pays, et son homologue Monsieur Bourassa, laissent les Montréalais payer leur sapin tout seuls. Ce sera une bonne punition pour le moutonnisme politique dont ils ont longtemps fait preuve à tous les étages.

Peut-être alors les habitants de la plus grande ville du pays s'interrogeront-ils sur l'avenir de leur cité et sur l'utilité de

perpétuer une expérience de péronisme municipal qui dure
depuis douze ans.

MONTRÉAL, VILLE SINISTRÉE

(*Le Maclean*, janvier 1974)

Elles gambadent autour du Parlement, le long des canaux:
un autobus d'écolières en visite à Ottawa, une ville propre,
claire, mesurée, verte. Stupéfaites: "Une ville, ça peut être
comme ça?" Un collègue parti à Vancouver depuis six ans et
qui ne retrouve plus Montréal: "Qu'est-ce qui arrive? C'est
délirant." A pleurer.

Il y a quinze ans encore, malgré une succession de Camilien
Houde, de Sarto Fournier, de Jos.-Marie Savignac, Montréal
était restée une belle ville, vaguement patricienne, d'influence
britannique, un peu provinciale. Sans folklore cependant:
c'était aussi la capitale économique du pays, un centre
d'immigration, une puissance. Elle avait bien quelques
quartiers en perdition, de nombreux taudis, mais rien
d'irrémédiable.

Ces quartiers essoufflés, ces taudis, d'ailleurs, ils sont encore
là. Ce qui est disparu, c'est la rue Sherbrooke, le tunnel de
verdure du boulevard Saint-Joseph, des milliers d'arbres
partout (sacrifiés aux rues, au stationnement, aux fils), une
certaine régularité de l'échelle, en un mot un certain savoir-
vivre. Aujourd'hui, Montréal ressemble à une carrière, éventrée

par des autoroutes (un cinéaste a parlé de ville bombardée) et
dont on camoufle les plaies sous les murales "pop". Le tout
sur un fond de régression économique accélérée, de stagnation
industrielle. Pas de politique du logement. Pas d'expansion
des services. Toutes les études, celles du CRDE, celles du
CRUR, concordent. L'économiste Fernand Martin décrit
Montréal comme un "satellite de Toronto". Il existait un
Bureau municipal de recherches économiques, peuplé d'un
seul fonctionnaire. C'était trop. On l'a aboli sans le remplacer.

Premier prix, une semaine à Montréal. Deuxième prix:
deux semaines à Montréal. Voilà bien Toronto vengée des
affronts d'antan, Toronto la pure où l'on va non seulement
chercher des sous, mais "swinger" un peu, Toronto que ses
citoyens se sont mis à aimer, à prendre en main. La ville que
personne n'aime, aujourd'hui, c'est Montréal.

L'homme qui préside satisfait à ce désastre s'appelle Jean
Drapeau. Que fait-il depuis 16 ans? Des foires. Des loteries.
Il est mégalomane, intolérant. Le mépris qu'il a pour ses
administrés, il le manifeste par la nature de ce qu'il leur
consent: des jeux. Même pas du pain, comme à Rome, puisque
ce pain, de plus en plus de gens vont le chercher, selon leur
métier, sur la Côte-Nord, à la Baie de James, à Toronto. Mépris
qui s'explique par le comportement politique bizarre de ce
lot de cocus contents que sont les Montréalais, qui viennent
tout juste d'obtenir le droit de s'occuper de leurs affaires et
n'imaginent pas encore que des grenouilles puissent troquer
un roi-soliveau pour autre chose qu'un roi-héron.

Si vraiment le paysage humain reflète l'esprit et le coeur de
ceux qui l'ont perpétré, comme dit Pierre Dansereau dans son
livre remarquable, *la Terre des hommes et le paysage intérieur*,
que reflète la jungle de béton que devient Montréal? Un

monde en forme de caisses enregistreuses, de classeurs et de
tables d'écoute, un trip de puissance et de fric, l'un
nourrissant l'autre. Paysage de parvenus, d'arrivistes sans
culture.

Les mécontents? Ce sont des "mouches du coche", des
contestataires, en somme des mal adaptés, des asociaux.
Encore un pas et on suggérera de les traiter, comme en des
pays où l'asile est un incinérateur d'asociaux. Mouches du
coche, les architectes, les ingénieurs, les groupes professionnels,
les corps intermédiaires, les responsables sociaux, les hommes
politiques qui s'élèvent contre les grandiloquences bétonnières
de Jean Drapeau. Mouches du coche que son service
d'urbanisme au complet. Mouches du coche, les travailleurs
qui étouffent dans leurs quartiers exigus, les organismes de
loisir qui réclament de l'espace vital, les vieux qui quémandent
une baisse du ticket de métro.

Et si la vraie mouche du coche, c'était le maître de
cérémonie, le "emcee" qui baratine pendant que l'univers,
pour paraphraser Monsieur Trudeau, n'évolue pas sur l'air
qu'il devrait? Si la mouche du coche c'était cette vanité qui
bourdonne pendant que dans "un chemin montant,
sablonneux, malaisé..."

Monsieur Drapeau a appris de ses échecs passés — comme
la grande tour phallique qu'il rêvait de planter à La Ronde —
qu'il faut savoir celer ses intentions, naviguer sous la surface,
camoufler les faits, nier les problèmes, fausser les débats, ne
jamais répondre. Du moins pas franchement. Comme l'écrivait
Claude Ryan: "Cet homme retors, cachottier, peu respectueux
de l'opinion... est capable des pires entorses à la vérité." Pas
nécessairement le mensonge, mais...

Sa dernière trouvaille, c'est que les protestataires sont "en campagne électorale". Et si cela était? Manifester, utiliser son droit à la dissidence, c'est de la politicaillerie. De l'asocial. Le rôle du contribuable, le mot le dit, c'est de contribuer. Pas de parler.

Ce qui étonne le plus, quand on sait avec quelle jalousie les hommes de pouvoir se le disputent, c'est qu'aucun n'ose résister au croqueur de ministres. Lester Pearson (un aristo-crate que la vulgarité horrifiait) suppliait ses fonctionnaires de lui épargner les visites du maire de Montréal. Monsieur Trudeau a trouvé le truc de lui céder contre ses meilleurs instincts, qu'il s'agisse de timbres ou de monnaie olympique. Monsieur Bourassa, lui, croit avoir par Paul Desrochers "un bon contact" avec le cirque. Cet octobre-ci, la victime s'est appelée Goldbloom. Ou le député de D'Arcy McGee n'était que la caution écologique d'un gouvernement qui s'en balance, ou il a les mains liées et on cherche par quelles ficelles. D'automne en automne (69 et les policiers, 70 et le sang sur les marches, 71 et la manifestation à *la Presse:* un mort) on découvre que Monsieur Drapeau est premier ministre. A Québec. A Ottawa. Les petits oiseaux seront tous avalés par la couleuvre. Et ils le savent. Qu'est-ce qui les paralyse?

L'affaire du parc Viau, que le maire de Montréal veut immoler aux Jeux olympiques, n'est qu'un épisode. Il y a aussi celui de l'île Notre-Dame, pas encore payée, et qu'on détruit déjà au coût de sept millions de dollars, pour en faire un canal d'aviron. Il y a le rétrécissement des parcs (du cinquième dans Rosemont depuis 1955, du quart dans Maisonneuve, du tiers dans Mercier). Dans *ses* statistiques sur les espaces verts, Monsieur Drapeau inclut Terre des Hommes, pavillons et stationnements compris, les projets futurs, l'emplacement des écoles dans les "anciens" parcs, même les

terre-pleins, les mails et les pots de fleurs! Il y a l'affaire
Concordia. Les autoroutes.

On évite généralement de faire le trait entre cette
destruction systématique du tissu urbain et les Jeux
olympiques. Ou l'Expo. La réalité, c'est que Drapeau "surfe"
sur ces grandes machines. Sans elles, il n'est qu'un maire sans
histoire, un maire de série. Même le métro, l'aurait-il acheté
s'il ne conduisait pas à Terre des Hommes?

Ce qu'il faut dire, c'est que si les Jeux ne peuvent pas se
passer d'arbres et de parcs, nous pouvons nous passer des
Jeux. Que si Jean Drapeau ne peut se passer de miroirs, on
peut se passer de Jean Drapeau. D'autant plus que l'homme
revient cher. Raconter que tout cela ne coûte rien, c'est faire
du créditisme municipal! A 600 millions de dollars, les 900
jours qui restent avant l'arrivée de la flamme olympique
coûtent à chaque Montréalais environ 50 cents par jour. Un
trente sous chaque matin et chaque soir en prenant le métro.
Trois piastres et demie par semaine. 180 par an!

Quant à l'esprit olympique dont on nous rebat les oreilles,
et à l'amitié entre les peuples, n'étaient-ils pas plus sobres,
plus économiques *avant*, quand Monsieur Drapeau quémandait
encore? Les athlètes se font les complices objectifs (et qui
oserait dire inconscients? le Graal des Spitz et des Killy est
généralement débordant de fric) de la clique politico-
patroneuse qui fait les poches des badauds pendant le spectacle.

Qui sont les vrais athlètes du compte de banque, les
partenaires de Jean Drapeau? qui profitera des Jeux? Nous le
saurons quand nous connaîtrons les propriétaires des hameaux
olympiques du maire, rebaptisés Cité Jardin dans le "double-
speak" qui lui est cher. Ces gens-là, les deux pieds dans le
parc Viau, auront une bonne hypothèque sur le Golf

municipal et le Jardin botanique, qu'on laisse déjà se décrépir et péricliter, un peu comme on a fermé l'île Notre-Dame trois ans avant de la chiper au peuple. Le seul dernier grand espace "développable" (public, donc pas cher) aura été bouffé: il n'y aura pas de Mont-Royal dans l'Est.

Déjà, des centaines de milliers de Montréalais ont commencé à faire de la politique. C'est-à-dire à voter. Avec leurs pieds, en l'absence d'alternative valable. Ils sont partis s'établir ailleurs, ne serait-ce qu'en banlieue, abandonnant le désordre organisé aux pauvres gens qui n'ont pas les moyens de se payer autre chose qu'un Drapeau, laissant la ville aux VIP qui vivent claustrés passant d'un sous-sol à l'autre en limousines climatisées et qui ont depuis longtemps oublié l'odeur du temps, rue Sherbrooke, le rire des Montréalais, rue Sainte-Catherine, le plaisir d'arpenter son chez-soi, les mains dans les poches. Monsieur Drapeau a peut-être inventé l'Expo: il est le seul qui n'en ait pas compris le message.

Les Chinois ont créé la médecine à pied. Les Montréalais ont à inventer la politique à pied.

POUR EN FINIR AVEC LA GUERRE

(*Le Maclean*, juillet 1976)

Les Jeux olympiques auraient pu, comme le promettait Jean Drapeau, ne rien coûter. Mais il aurait fallu un autre que lui pour les concevoir. Il aurait fallu se rendre compte que l'olympisme à la papa, c'est fini...

En renonçant aux jeux "modestes" (une modestie d'un quart de milliard, malgré tout) Jean Drapeau a peut-être réussi ce que n'avaient pu faire les assassins de Munich et les protestataires de tout acabit: abolir les Jeux! Qui en voudra, désormais? Après le demi-milliard de Mexico, le milliard de Munich, les deux milliards de Montréal, seuls des naïfs comme nous — un peu déniaisés, aujourd'hui — s'imagineront que le jeu en vaut toujours la chandelle.

Les citoyens de Denver ne sauront jamais à quelle catastrophe ils ont échappé en refilant "leurs" Jeux à Innsbruck, qui en a profité pour amortir ses installations de 1964.

Même Moscou, qui attend ceux de 1980, renâcle. On promet aux Moscovites des Jeux modestes — il doit y avoir un certain Drapov au 9e Plan — soit 200 millions, mais on manifeste dans les rues: on préférerait, comme les Montréalais, avoir des logements! Les Russes ne vont pas dans la rue sans autorisation: gare au Goulag! Le Soviet suprême s'effraye-t-il de l'ampleur de l'investissement inévitable, ou hésite-t-il à dégarnir la frontière chinoise pour assurer la sécurité des athlètes monégasques ou de la délégation vaticane?

Qui peut se payer les Jeux? Le Tiers-Monde? L'Afrique? Peut-être les Arabes, dégoulinants de pétrole, ou les grandes nations totalitaires.

Entre nous, bon débarras si Drapeau réussit à discréditer totalement et à liquider une manifestation qui est devenue la ruine des nations, une source d'hostilité, un danger inter-national. Pis encore, un emmerdement.

Le racisme domine dans la sélection des athlètes. Certains pays ont formé des classes de forçats de l'athlétisme, des prolétaires du stade, en un mot des professionnels. Chez les capitalistes, les meilleurs athlètes préfèrent les gazons vert-billet-de-banque du spectacle commercial, enlevant aux médaillés toute prétention d'être les "meilleurs".

La prolifération des amusements régionaux — pourquoi la luge plutôt que le Krazy Karpet, ou le handball plutôt que le ballon-balai? — a transformé cette rencontre en foire de village. D'ailleurs, quand on aura vu 14 heures par jour de matches éliminatoires de volley-ball et de water-polo, on ne voudra plus entendre parler de sport pendant quatre ans et peut-être comme les Grecs, jadis, pendant 1 500 ans!

Les médailles n'ont plus de signification. Après un certain renouveau dû à la pauvreté de l'après-guerre, on est revenu où on en était à Berlin, en 1936. Les Jeux, pour parodier Clausewitz, sont la continuation de la guerre par d'autres moyens. Des médailles, en a qui est prêt à mettre le prix: 500 000 dollars par an pendant quatre ans pour former un nageur ou une patineuse. Déjà, les athlètes n'avaient d'importance que dans la mesure où ils faisaient vendre les souliers Pluvit et les maillots Splash quand ce n'était pas la mayonnaise ou les pilules anovulantes; désormais, on leur demande de remporter la bataille du prestige, les bombes étant devenues dangereuses même pour les généraux. Ce sont de la chair à médaille. Du cheptel d'exposition.

On n'a pas assez remarqué que les pays vraiment civilisés ne décrochent pas de médailles? Ils ont d'autres soucis: qualité de vie, bien-être, création... Ils se contentent de participer, par politesse envers les Gros, les Sauvages. Néron allait à Olympie prouver que les Romains valaient les Grecs! Après l'Allemagne, puis les USA, c'est au tour de la Russie et de ses colonies est-européennes de suer sang et eau. Quand ils auront le goût de vivre, ils laisseront les Chinois s'échiner pour prouver leur supériorité en grimpant sur un piédestal de 65 centimètres! Cette interprétation fera plaisir aux Canadiens qui sont sûrement le plus civilisé des peuples...

Après avoir éliminé tous les passe-temps nationaux et les sports d'équipe, qui tiennent davantage du cirque romain que de l'athlétisme, il faudra aussi éliminer les disciplines dont le gagnant est choisi par des juges, après des tractations à la Kissinger. Elles n'ont plus de signification: les dignes et augustes pères des Jeux ont oublié qu'aujourd'hui, 400 millions de personnes voient, en gros plan, avec reprises au ralenti, leurs erreurs de jugement ou leur parti-pris...

Ce sont d'ailleurs ces téléspectateurs qui ont changé la nature des Jeux et ont fait du Stade un monument désuet. Les 50 000 invités qui y viennent ne sont pas les vrais spectateurs. Ils font partie du décor, comme les pigeons, comme Killanin. Le véritable public des Jeux est aux quatre coins de la terre, du village global. C'est la télévision qui le reconstitue.

C'est parce qu'elles sont nées pendant la guerre de quatorze — il n'y avait pas de télévision, même pas de radio — que les augustes bedaines qui officient au sacerdoce olympique ne s'en sont pas rendu compte. On peut imaginer que tous les quatre ans, les nageurs se retrouvent à Melbourne, les coureurs à Nairobi, les escrimeurs à Paris, les tireurs à Tokyo, les sauteurs à Rio, les gymnastes à Moscou. Il suffit d'un champ, d'un gymnase et de caméras de télévision. Les réseaux, les satellites recréent dans chaque demeure l'antique Olympie. Toutes les villes sont de nouveau candidates à l'événement: plus de jalousie. L'équipement nécessaire existe, les hôtels sont déjà suffisants. L'affaire est mondiale, la participation générale.

Bien sûr, à Montréal, ça n'aurait pas été. Parce que notre stade, notre Concorde à nous (made in Versailles, lui aussi) n'a pas été fait pour les Jeux. Montréal n'a obtenu d'entretenir une équipe américaine de base-ball, en 1968, qu'à condition de lui fournir un stade couvert dans les trois ans. Vous devinez ce qu'on aurait dit à Jean Drapeau s'il avait osé proposer d'offrir un stade, même de 200, même de 100 millions, aux frères Bronfman? Il fallait un prétexte.

Et les Terrasses Zaroléga, hors de prix, inutilisables?

On ne trouvera d'autre moyen de les rentabiliser que d'ouvrir au lotissement et à la "vente pyramidale" le parc Viau qui les entoure et peut-être le Jardin botanique. On saura alors que le Village *devait* être permanent, pour forcer le dernier grand espace libre de Montréal et le livrer aux spéculateurs.

Le stade est "beau", croit-on? Nous avons toujours aimé les "gros chars". Nous mettrons des fleurs dans les nôtres quand nous n'aurons plus les moyens d'acheter de l'essence. Nos maires et nos ministres roulent en limousine.

Je suggère, quand se seront éteints les derniers flonflons des derniers Jeux olympiques de l'histoire, de dresser à l'extrémité du mât enfin érigé une colossale statue équestre: celle du célèbre "quêteux monté à cheval".

LE NOUVEAU SUPER BOURASSA AMÉLIORÉ...

(*Le Maclean*, novembre 1975)

S'il était boxeur, voici ce que pourrait être la fiche de Robert Bourassa: piètre cogneur, jeu de pieds bizarre mais déroutant et efficace, encaisse de façon incroyable. Toujours malmené, mais n'a pas perdu un seul match.

Pour ce qui est d'encaisser, le premier ministre du Québec a manifesté, en cinq ans de pouvoir, une capacité hors de pair. Six mois après son élection, il subit l'assaut conjugué des terroristes et du gouvernement fédéral de Pierre Trudeau. Son grand oeuvre, la Baie de James, sa Manic à lui, qui devait frapper l'opinion publique, est mal reçu et s'enlise dans l'escalade des coûts. L'enquête Malouf donne raison aux Amérindiens, il est lui-même accusé d'outrage au tribunal.

C'est ensuite l'affaire Laporte. Le ministre assassiné choisissait assez mal ses fonctionnaires et ses relations. On retrouvera d'ailleurs ses amis mafieux dans un autre scandale, celui de la viande avariée. Le roi de la charogne, William O'Bront, aujourd'hui en fuite, affirme avoir contribué à la caisse électorale du premier ministre. Ce dernier a personnellement assisté à une inauguration chez Federal Packing.

L'enquête Cliche révèle ensuite que les "bandits" qui ont saboté la Baie de James et pourri toute l'industrie de la construction bénéficiaient non seulement des péchés d'omission du ministre du Travail Jean Cournoyer, mais qu'ils avaient leurs petites ententes avec le premier conseiller du premier ministre, son éminence grise, Paul Desrochers. On avait échangé le monopole syndical (et les cotisations) contre

la "paix syndicale" et les services de fiers-à-bras en période
électorale.

Entre-temps, il y a les accusations de patronage: contrats
de Hilton pour la Place royale, papeteries Paragon, location
de bureaux, affaires de Marine Industries, l'empire de la
famille de Mme Bourassa, née Simard. Démission forcée du
député libéral Guy Leduc, coupable de fréquentations
douteuses, puis du député Gérard Shanks, accusé d'avoir
touché des pots-de-vin.

Quand, au printemps, l'éditeur de la Presse Roger Lemelin
s'en prend, dans un éditorial exceptionnellement publié à la
une, au style même de gouvernement du premier ministre,
quand par un hasard étonnant les libéraux fédéraux, Trudeau,
Marchand, Lalonde, Pelletier, André Ouellet, choisissent ce
moment précis, cinq ans après le putsch d'octobre 1970,
pour menacer d'intervenir, la mesure semble comble.
N'importe qui aurait jeté l'éponge.

Pas Robert Bourassa.

Pendant qu'en public, il minimise l'importance des
événements, en privé c'est le branle-bas de combat. En juin,
on commande un sondage d'opinion, pour vérifier si la
dégringolade notée six mois plus tôt s'est poursuivie. Et le
président du parti, Me Claude Desrosiers, entreprend d'en
refaire l'image. On commencera par un colloque sur les
"années 80", auquel on invitera de savants professeurs,
français et québécois, et le futurologue Hermann Kahn. Non
seulement espère-t-on attirer du sang neuf, ce qui était devenu
difficile, mais ce genre de colloque marque le début d'une
campagne électorale qui doit culminer après les Jeux
olympiques, dans un an et demi. Les sessions d'étude
d'Orford avaient mené à la victoire de 1973. Les assises

réunies à Montréal par Daniel Johnson avaient conduit son parti à la victoire surprise de 1966. De plus, le thème choisi, "les années 80" renvoie le Parti québécois, orienté sur l'avenir, dans un futur plus lointain...

Les sondages ont montré, en effet, que c'est Robert Bourassa qui traîne le parti, contrairement à ce qu'imaginent bien des gens. Le premier ministre attire 15 pour cent de votes de plus que le Parti libéral qui, tout seul, serait en difficultés devant le Parti québécois de René Lévesque. Robert Bourassa craint de se retrouver, plus que jamais, prisonnier du "handicap anglais", les 20 pour cent de votes non francophones qui lui sont automatiquement acquis. D'ici les élections de l'automne 76, après les Jeux olympiques, on multipliera donc les colloques destinés à refaire du parti un parti d'idées, de solutions, une centrale génératrice de projets politiques.

D'où Robert Bourassa tient-il cette popularité? Il a l'air "innocent", au bon sens du mot. Innocent d'être politicien, en un temps où la politique, précisément, a blasé tout le monde. Un journaliste de la tribune de la presse, à Québec, disait de lui: "Il se cache derrière ses faiblesses!" On est pourtant loin du "comptable de caisse populaire mal nourri", selon l'expression de Jean-V. Dufresne.

Il est bien mis, propre, soigneux, les cheveux peignés. Ce n'est pas pour autant le séducteur, comme Jean Lesage. C'est le fils séminariste. Sa cote auprès de l'électorat féminin d'un certain âge est fabuleuse. Il ne fume pas, ne boit pas, ne jure pas, dédaigne les magazines de fesses. Personne ne se souvient de l'avoir vu en colère. Ennuyé, agacé, impatient, oui, mais pas en colère. Au sortir du marécage économique dans lequel Daniel Johnson, Jean-Jacques Bertrand et Mario Beaulieu avaient laissé le Québec, cette image de jeune technocrate brillant et posé suffisait. Maintenant, il faut davantage. Le premier ministre était apparu comme un homme compétent, calme, rassurant. Les *image-makers* tenteront de le montrer plus "ordinaire". Monsieur Tout-le-monde, en quelque sorte.

La fonction de premier ministre du Québec, a-t-on dit, change les hommes. Lesage et Johnson en furent des exemples parfaits. En cinq ans de pouvoir, Robert Bourassa est devenu conscient de certaines réalités. L'omniprésence du pouvoir fédéral rétrécit jour après jour ses marges de manoeuvre. Sans compter que la présence de Trudeau à Ottawa empêche le premier ministre du Québec de parler, comme naguère, au nom de tous les francophones d'Amérique.

Bourassa, entre autres choses, est de plus en plus préoccupé de la précarité démographique des Québécois. Une seule vague importante d'immigration, selon l'expression de Robert Scully, suffirait à emporter leur position. Non seulement s'en inquiète-t-il, non seulement ne veut-il pas passer à l'histoire comme le responsable de la grande catastrophe, mais il se rend compte que ce rétrécissement des espoirs québécois le met politiquement en danger. D'où la souveraineté culturelle, slogan en voie de devenir une politique. D'où la social-démocratie. Depuis deux ans, en effet, Robert Bourassa s'acharne à récupérer l'essentiel du programme du Parti québécois, l'indépendance en moins. Il lui faut augmenter le vote francophone de son parti, sortir de ce dangereux tête-à-tête: indépendance-fédéralisme.

Il faut laisser tomber, ou faire face.

Le premier ministre est assis bien droit dans son fauteuil de cuir. Les cheveux bruns sont impeccables. Plastifiés, on dirait. Costume marine, gilet, chemise blanche, lunettes de corne, pour donner du poids au regard, bronzage scientifique, tout est pesé, mesuré. D'une longue main précise, il ajuste son noeud de cravate. Telle est l'image que garderont de lui les députés, les journalistes, les visiteurs à l'Assemblée nationale.

Il est trois heures, c'est la période de questions, théoriquement destinée à permettre à la minuscule opposition (six péquistes et deux créditistes en rupture de fraternité) de sonder les reins du gouvernement. Ces jeux parlementaires ont l'air d'ennuyer le premier ministre, précisément parce qu'il se donne trop l'air d'être intéressé.

Il tourne la tête, cause avec ses ministres, attend les questions, soucieux de paraître attentif. Les réponses qu'il renvoie d'une voix basse mais nette, dénuée de timbre, ressemblent à celles qu'il donne lors des conférences de presse. Il entortille les questions, confond volontairement les problèmes.

"C'est l'homme le plus difficile à interviewer que j'aie rencontré", dit Pierre Nadeau, qui en a vu de toutes les couleurs. Il ne détourne pas la question. Journalistes ou adversaires lui fabriquent des colles en béton, sans une ouverture: il trouve la fissure qui les rend insignifiantes, creuses.

La viande avariée? "Il y a 99.7 pour cent de la viande où il n'y a pas de problème. Le trois dixièmes pour cent qui reste, c'est nous qui y avons mis fin."

La Baie de James? "Je ne comprends pas nos adversaires. Nous allons faire de l'argent avec de la neige. Nous n'allons pas arrêter pour les Indiens et leurs espèces de poissons."

Paragon? "Partout ailleurs, même à Ottawa, ces transactions sont permises parce qu'on ne veut pas traumatiser les familles des ministres. Avec mes règlements, j'ai été plus sévère que quiconque."

La corruption des fonctionnaires? "Sur 200 000 fonctionnaires, qu'il y en ait deux ou trois de malhonnêtes, c'est normal."

Une sorte de Jean Drapeau relaxé.

Au bout de trois quarts d'heure, après avoir sacrifié au rite sacrosaint du Salon de la race, il part, précédé d'un de ses gorilles, et descend d'un étage pour gagner son appartement, trois pièces qui forment le coin sud-est du Parlement. C'est là qu'il dort, quatre nuits par semaine, dans une chambre qui donne sur les remparts, le Vieux Québec et, au-delà du Château Frontenac, sur l'île d'Orléans et le Saint-Laurent. Il réserve à sa femme et à ses deux enfants les week-ends qu'il passe dans leur résidence d'Outremont, à quelques coins de rue de ses ministres Cloutier, Choquette ou Goldbloom, près de la maison qu'habitait naguère, avec sa mère, Pierre Elliott Trudeau. L'été, il ira à sa maison de Sorel ou sur son yacht (43 pieds).

L'appartement du Parlement est un antre victorien, meublé de fauteuils à pattes et de lourds brocards. Des assiettes d'arachides, qu'il aime grignoter, traînent ici et là. La petite cuisine est équipée pour la préparation des hot-dogs, dont il raffole.

Depuis cinq ans, plus précisément depuis la crise d'octobre, alors que Robert Bourassa a fui la petite chambre d'étudiant qu'il occupait à l'hôtel Victoria, en plein quartier latin, pour se réfugier dans le Reine Elizabeth gardé comme une forteresse, un gardien armé dort dans une des deux chambres. Le meublé à neuf dollars par jour, sur la rue Saint-Jean, au contact direct des jeunes, des hippies, c'était le passé.

Le premier ministre, aujourd'hui, est accueilli à son appartement par son coiffeur privé, Bernard Marty. Depuis cinq ans aussi, Marty, qu'on prétend être un ancien parachutiste qui a gardé l'habitude de se promener avec un pistolet sous l'aisselle, suit le premier ministre partout, à New York, à Zurich, à Paris. Les conseillers du premier ministre s'inquiétaient de lui voir toujours une mèche rebelle sur les yeux. Marty, engagé au montant de 13 000 dollars et autres considérations, a diagnostiqué une "nervosité du cheveu" et résolu le problème.

Il s'occupe aussi de la garde-robe du premier ministre, qu'il aide à enlever son veston et son gilet. Quoiqu'il l'ait nié, Bourassa changera de chemises plusieurs fois par jour, selon qu'il doit aller à la Chambre, à la télévision ou dans une assemblée. Le bronzage s'effectue sur le toit du complexe J où le premier ministre s'installe, quand il fait beau, avec des documents, le téléphone à portée de la main.

On concluera à la vanité de Robert Bourassa.

En fait, il a grandi, ainsi que ses conseillers, à l'époque des grands débats télévisés Kennedy-Nixon, Lesage-Johnson, où un menton mal rasé faisait toute la différence, croyait-on. Les journalistes se souviennent du Bourassa qui faisait campagne pour la direction de son parti et se présentait aux assemblées avec un sempiternel costume brun, passé de mode, des chaussettes rouges et une cravate aussi mal assortie.

Sa passion, son unique passion, dévorante, c'est la politique. Et le vêtement, le coiffeur, le bronzage ne sont que des instruments politiques. Il peut citer de mémoire, à la virgule près, n'importe quelle statistique électoralement ou politiquement utile, n'importe quel résultat de sondage.

Ses confrères d'étude se souviennent de lui comme d'un

homme qui espérait déjà – ou plutôt qui savait déjà! – qu'il serait premier ministre. "Je crois qu'il avait 11 ans quand il m'a dit qu'il serait un jour premier ministre", raconte un de ses amis d'enfance.

Duplessis le fascinait. Il éprouvait une admiration profonde pour la maîtrise politique du vieux. Il s'intéresse au pouvoir pour le pouvoir lui-même plutôt que pour ce qu'il pourrait en faire. On raconte, dans son entourage, qu'il avait cru possible, avec Paul Desrochers, aux élections de 1973, de faire le balayage des 110 comtés et d'éteindre l'idée d'indépendance pour une génération au moins.

La politique n'étant plus seulement une question d'organisation et de calcul, mais aussi un problème d'image, l'étudiant guindé s'est transformé en carte de mode: costume rayé, ou blazer marine pour les week-ends. Ses conseillers visaient, dit-on, à faire de lui l'anti-Lévesque. L'ancien Lévesque, bien sûr, au temps où le chef du PQ se promenait pantalon en tire-bouchon, cravate pendante, cigarette au bec, revers pleins de cendre, en sueur, mèche anarchique.

L'image du premier ministre sera donc une image sérieuse, mais aussi une image populiste. Monsieur Tout-le-monde. Non seulement son appartement est-il équipé pour la fabrication des hot-dogs, mais il en offrira à certains visiteurs. Au journaliste du *Maclean*, par exemple, "relish ou moutarde"? Ce n'était pas la première fois. Mais jamais encore il ne s'était laissé photographier hot-dog en main, verre de coca sur le grand bureau de chêne blond hérité de Maurice Duplessis.

Cette photo n'est pas une tricherie de journaliste. Il ne s'est laissé photographier ainsi que parce que cela faisait son affaire. Il a pris de l'expérience depuis le jour de 1970 où un instantané pris au grand angulaire, de bas en haut, lui donnait l'air d'une girafe élevée au Biafra. Il ne se laisse jamais photographier sans lunettes: la seule photo de lui sans verres que l'on connaisse se trouve dans le hall du collège Brébeuf, sur la mosaïque de la promotion 1951. Il choisit lui-même les endroits où on peut le photographier. Ainsi, le photographe du magazine *Maclean* a été autorisé à le suivre au Palais Montcalm, où il nage tous les jours — il fait quotidiennement 24 longueurs, pour la forme plutôt que par goût du sport — mais n'a pu le photographier que dans l'eau, en Mark Spitz. Interdiction de le photographier debout, sur le bord de la piscine, dans son caleçon vert.

Cette image populiste est aussi une image de modernité. Il apparaît dans les villages en hélicoptère. Les journalistes ont noté l'effet magique que l'hélicoptère produit sur les indigènes, quand il arrive comme Idi Amine (dans le film de Barbet Schroeder) ou comme le père Noël.

Changé, rasé de frais (deux fois par jour, quelquefois davantage les soirs de télévision) Bourassa traverse la Grande-Allée sous terre dans un tunnel qui conduit au "bunker", au "radiateur," au "mur de l'Atlantique," comme on a surnommé le complexe J. "Bunker" parce qu'il est aussi difficile d'y entrer que dans une banque suisse. Les visiteurs sont d'abord annoncés par téléphone. Pour accéder au bureau du premier ministre, trois étages plus haut, il leur faut traverser un sas formé de deux portes de bois épaisses, verrouillées électriquement à distance. Le journaliste Jean-V. Dufresne se souvient d'un incident survenu alors qu'il était allé, avec le réalisateur Hugues Poulin, l'interviewer pour l'Office national du film. Pendant qu'ils attendaient le premier ministre, un caméraman s'avisa de déplacer un vase qu'il trouvait trop voyant pour l'écran. En moins de deux, la pièce était envahie par les gardes du corps qui cherchaient ce qui était arrivé.

Une autre porte mène dans un deuxième appartement: un deux-pièces ultra-moderne garni de tableaux de Pellan, de moquettes de haute laine et de trois appareils de télévision!

Robert Bourassa n'aime pas cet appartement climatisé, dont il ne peut ouvrir les fenêtres. Il y dort rarement. Mais il peut y satisfaire sa manie de la télévision. Il a fait poser un câble spécial qui lui permet de recevoir les stations de Montréal. Il regarde le téléjournal tous les soirs, pour constater le traitement qu'on lui donne. Il dispose d'un autre appareil dans son bureau et de deux dans celui de son secrétaire de presse Charles Denis. On peut y voir simultanément deux programmes différents et même enregistrer automatiquement les nouvelles sur vidéo.

Bourassa aime la télévision parce qu'elle lui permet de communiquer directement avec le grand public, sans les coupures et les interprétations de la presse écrite. Lors de la campagne de 1970, les libéraux filmaient eux-mêmes les assemblées et remettaient aux stations des cartouches — pas des bobines, qu'on peut retoucher — sachant que les petits diffuseurs dépourvus d'équipes mobiles accueilleraient cette propagande comme le verbe divin.

La télévision transmet, plus encore que les paroles du premier ministre, l'image qu'il veut transmettre: celle d'un homme correct, raisonnable, calme, qui fait son possible, malgré les faiblesses ou l'incompétence de ceux qui l'entourent.

Ses interventions sont très précisément calculées. Il connaît les heures de tombée et donne aux caméramen juste le temps qu'il faut pour développer leurs films, pas assez pour permettre le montage. Il ne fera ses déclarations que le vendredi après-midi, pour s'assurer la manchette des journaux du samedi matin "que les gens ont le temps de lire".

Il se plaît avec les journalistes. Il a pour eux une sorte de mépris admiratif. Il partage avec eux, comme tous les politiciens, le goût des feux de la rampe. Mais surtout, il se sait bon joueur, dialecticien redoutable et ne dédaigne pas un match qu'il a l'habitude de gagner. Les journalistes sont pour lui une sorte de public d'avant-première où il met au point son argumentation. Il sait être un démagogue redoutable, d'autant plus redoutable qu'il évite les éclats de voix et les effets ronflants. Il connaît la puissance d'un mot bien placé.

Ainsi, depuis quelque temps, il ne fait allusion à l'indépendance qu'en y accolant l'expression "à l'africaine," sachant bien qu'il suscite dans l'imagination populaire des images de putsch, de famine, de sous-développement. Devant des auditeurs plus avertis, qui savent qu'il n'y a pas de comparaison possible entre le Québec et des pays analphabètes, dépourvus d'industrie, de cadres, de communications, il explique que les mots "indépendance à l'africaine," dans son esprit, décrivent une indépendance qui ferait fi des notions de coopération internationale, "comme dans les pays européens"! Mais cette familiarité avec les journalistes cache aussi de l'astuce. "Qu'est-ce que les jeunes pensent de moi?"
— "Penses-tu que je devrais tenir des élections?" Les journalistes en oublient leur rôle de journalistes. Après la télévision, le téléphone est l'autre gadget dont il ne peut se passer. Le téléphone est son antenne, la télécommande qui préserve son empire, qui lui permet de contrôler ses rivaux, d'intervenir chez ses adversaires, de consulter ses conseillers.

Ses téléphones le suivent partout: en Floride, en Virginie

où il va quelquefois prendre un peu de soleil. Il a le téléphone dans ses avions, ses limousines, ses chambres à coucher, dans son yacht. Mange-t-il au restaurant, on branche un appareil à sa table. Un assistant lui apporte les numéros des membres les plus importants de son cabinet. S'absenter, pour un politicien, c'est prendre des risques inutiles. Robert Bourassa n'en prend pas. Même à l'étranger, à Paris, par exemple, il insiste pour avoir chaque jour les journaux du Québec et restera à l'hôtel le soir pour les parcourir plutôt que d'accompagner sa femme et ses amis au restaurant.

Quand il doit rentrer à Montréal, à la fin de la journée, un hélicoptère l'attend sur le toit du "bunker" pour le mener à l'aéroport de Sainte-Foy où l'attend le "jet à Lesage", désormais le sien. Du hublot de l'avion, pendant 30 minutes, Bourassa peut contempler non seulement "sa" province, mais les chantiers de Marine Industries, à Sorel, base de la fortune de sa femme.

Le bachelier ès arts de 1951 avait fait un long chemin. L'avocat, professeur de droit, conseiller en droit fiscal aussi: après avoir été secrétaire de la Commission Bélanger sur la fiscalité, il se faisait élire en 1966, mais dans l'opposition, remarquable école. C'était une leçon rapide de la précarité du pouvoir. Lesage n'avait-il pas paru inébranlable?

A cette époque, il participe avec René Lévesque à la rédaction du manifeste du Mouvement Souveraineté-Association, mais refuse de quitter le parti avec Lévesque et de signer le document.

Pour lui, l'idée d'une monnaie québécoise n'avait aucun sens. De plus, il estimait avoir plus d'avenir avec le Parti libéral et, partant, plus de possibilités d'action.

Sur le deuxième point, les événements lui ont donné raison.

Il est premier ministre. Eut-il été candidat péquiste dans
Mercier, il serait au mieux, si l'on tient compte du score
remarquable de l'abbé Louis O'Neill dans ce comté, député
d'opposition.

Sur le premier point, il n'a pas changé d'idée. Deux fois, il
a fait campagne contre "la piastre à Lévesque". Il reste
convaincu que l'indépendance serait coûteuse pour le Québec,
en termes économiques, fier de ses 100 000 emplois, malgré
les quolibets, et fier de ce qui se construit à la Baie de James.
Il pense que l'avenir lui donnera raison.

Mais il commence aussi à réaliser que les choses ne sont pas
simples et que la dimension économique n'est pas la seule
dans la vie d'une nation. Il confiait récemment à des visiteurs
son sentiment que le Québec n'a pas abandonné son sens
profond d'un destin autonome et souverain. Il croit même
que le FLQ exprimait — gauchement et dangereusement —
une tendance constante du Québec. Les sondages faits à
l'époque sont révélateurs.

Le dilemme consiste à donner confiance à la fois aux
Québécois sur la question de leur survivance nationale, et aux
grands capitaines d'industrie qu'il aime fréquenter et qu'il
croit nécessaires au succès de sa politique économique. Sa
formation à Harvard et dans les bureaux des grandes sociétés
l'a préparé à préférer ITT à Tembec, Bechtel à l'Hydro. Il
courtise assidûment David Rochefeller, de la Chase
Manhattan Bank. Pour lui, l'économie dépend d'eux et un
crash économique serait aussi désastreux politiquement pour
sa carrière qu'un crash culturel.

Le souci de rassurer la grande entreprise multinationale
explique aussi son attitude envers les syndicats. Il n'a pas
pour rien paralysé le jeu démocratique des syndicats en

"confiant" la démocratie syndicale aux durs de la FTQ. Le nettoyage des syndicats est aussi une façon de les contrôler. A la United Aircraft, son intervention de dernière minute ne proposait comme compromis que ce que l'employeur était déjà prêt à accepter: elle ne visait pas à plaire aux grévistes, mais à apprivoiser l'opinion publique.

Il sait également que les syndicats peuvent lui faire une opposition redoutable un jour. Marcel Pepin a parlé de "casser le système." Pour l'instant, le système Bourassa a cassé les syndicats. Ce système, c'est l'astuce.

Encore récemment, le premier ministre rappelait ceci: "Dites-moi quel régime ose nommer ses adversaires à la tête des commissions d'enquête et leur laisser fouiller les dossiers de police?"

C'est une allusion évidente à la Commission Cliche, formée d'un leader néo-démocrate, d'un politicien conservateur, Brian Mulroney, et de Guy Chevrette, candidat péquiste et membre de la CEQ. Si la commission blâmait le gouvernement, on répondrait: "Pas étonnant, ce sont des ennemis." Si elle l'absolvait, on dirait: "Vous voyez, même nos adversaires n'ont rien à nous reprocher."

Car les scandales, s'ils n'ont guère terni l'image de Bourassa, ont presque détruit celle de son parti. Il faut voir là la raison de la recrudescence d'activité du parti, et du récent remaniement. Ce remaniement est apparu à certains comme une opération de décoration intérieure: un déplacement de potiches. Il était surtout destiné à consolider le pouvoir du premier ministre. Jérôme Choquette et Fernand Toupin, ainsi que Denis Hardy, ont été déplacés contre leur gré. Le dauphin Garneau a été laissé au poste difficile des Finances, et le premier ministre a créé trois nouveaux comités (des

ressources humaines, de l'aménagement, de la qualité de vie)
qui lui permettent d'intervenir dans tous les dossiers et de les
contrôler. Aucun premier ministre depuis 20 ans n'a eu un
contrôle aussi absolu sur son gouvernement. Les menaces,
désormais, sont extérieures. A l'intérieur, il est invulnérable.

L'extérieur, c'est bien sûr, l'opposition, mais c'est surtout,
encore une fois, l'action du gouvernement fédéral, en
particulier de Pierre Elliott Trudeau. Bien assuré sur ses
arrières libéraux, prudent sur son flanc péquiste − il a bien
pris soin de ne pas ouvrir de comtés à l'opposition depuis
l'accident de la circonscription de Johnson. Bellemare, oui.
Lévesque, non − il lui reste à affronter les fédéraux. De
front? Mieux vaut brouiller les questions, mélanger la
souveraineté culturelle et le rapatriement de la constitution,
le fédéralisme rentable et l'autonomie. Si Trudeau cède, c'est
bien. S'il déclenche la guerre, il apparaît bien davantage
comme l'ennemi des Québécois que de Robert Bourassa.

Dans son parti, il entretient les relations avec son caucus,
ce qui explique que le folklorique Louis-Philippe Lacroix soit
toujours au poste. Il dîne régulièrement avec les députés de
l'arrière-ban, écoute leurs doléances, leur annonce la législation
à venir, sollicite leurs conseils. Son seul ami intime dans le
gouvernement est le ministre d'Etat Fernand Lalonde.

En somme, un politicien véritable, au courant des règles du
jeu, astucieux, capable de s'adapter, comme le décrivait Mark
Twain:

"Je suis en faveur de tout ce que tout le monde favorise. Il
faut plaire à toute la nation, pas seulement à la moitié, sinon
on ne serait qu'un demi-président." Ou dans les termes plus
crus dont était capable un Lyndon Johnson: "Fiston. En
politique, la crotte de poulet peut devenir du jour au

lendemain de la salade de poulet."

Quand on a tout appris sur Robert Bourassa, on ne sait pas davantage quel genre d'homme il est. Son extrême réserve lui est naturelle. Elle lui sert aussi de camouflage. Duplessis affectait de ne pas lire. De Bourassa, on sait qu'il lit les auteurs qu'il faut: Servan-Schreiber (le petit frère, sur le rôle de la presse) Galbraith, Montherlant (Le maître de Santiago).

"Ce n'est pas un mou," affirme Paul Desrochers.

Il n'avait pourtant pas été élevé dans le sérail, comme les Taschereau, les Duplessis. Il aurait plutôt le background modeste d'un Johnson. Au moment où l'avion amorce sa descente vers Dorval, Bourassa survole son comté de Mercier, celui qu'il représente, celui où il est né, d'Adrienne et d'Aubert Bourassa, employé des Ports nationaux. Les Bourassa habitaient rue Parthenais; on n'était pas pauvre, mais on était économe et industrieux: le jeune Bourassa livrait l'épicerie sur le plateau Mont-Royal. A 16 ans, son père mourait, lui imposant moralement l'obligation d'étudier plus sérieusement que jamais.

"Si on prenait le tramway 29 vers sept heures moins quart du matin, raconte l'écrivain Jacques Godbout, on le ramassait boulevard Saint-Joseph. Il étudiait dans l'autobus. En 20 minutes, il savait tout."

Un autre de ses collègues, Gilles Constantineau, s'en souvient comme d'un fort en thème, pas très drôle, mais qui aimait parfois amuser: "Un jour, devant toute la classe, pendant 20 minutes, il nous a fait une imitation de l'habitant québécois. Il avait l'air un peu gêné de parler comme ça." A la fin de ses études, il avait accompagné toute la promotion voir Peaches, une effeuilleuse du temps, au théâtre Gaiety...

Le père Lucien Thibodeau, recteur du Brébeuf à l'époque,

s'en souvient comme d'un étudiant "appliqué et brillant" qui s'occupait aussi du journal du collège. On lui refuse une bourse Rhodes: il fera son droit à l'Université de Montréal, où il s'occupe déjà de politique. Il est président de sa classe, membre du conseil de l'Association générale des étudiants, membre des jeunes libéraux. On lui prête de l'ambition, on le dit membre de l'Ordre de Jacques-Cartier. Un de ses adversaires du temps s'appelle Jean-Pierre Goyer, futur ministre fédéral.

* * *

"Les fédéraux veulent votre tête, disait récemment un journaliste à Bourassa. Ils veulent vous avoir."

Bourassa éclata de rire.

"Qu'ils viennent. Qu'ils viennent."

Ce n'était pas un rire inquiet.

LE PAYS

LES CAMPAGNES DE PLASTIQUE

(*Le Devoir*, 1974)

Dire Beloeil, il est pour cela, je le crains, dix ans trop tard. Il n'y a plus de Beloeil, pas plus que de Saint-Basile, de Saint-Bruno ou de Châteauguay. Il n'y a plus que de nouvelles extensions de Montréal qui n'en finit pas de déferler sur les terres de la pénéplaine, de rouler de Valleyfield à Sorel son océan de bungalows et de curb-services, de centres commerciaux et de mini-golfs. Beloeil, c'était à vingt milles de Montréal, c'était pourtant loin, à l'abri, pensait-on, de cette plaie pire que la mauvaise herbe et les sauterelles, la développite. Montréal, Alabama. Longueuil, New Jersey. Beloeil, Missouri.

Comme une bonne moitié des Montréalais, m'a-t-il semblé, je suis venu à Montréal sur le tard, près de la vingtaine, chercher un village plus gros que le mien, plus gros que Québec, avec plus d'habitants, plus de travail, plus de création. Venir en ville découvrir qu'en Amérique, on ne sait pas les faire, les villes! Pour un campagnard jamais allé plus loin que le boulevard Charest à Québec et la cour du Petit Séminaire, les vraies villes c'étaient celles du cinéma: Paris, Londres, Tanger. Descendre au coin de Saint-Laurent et de Van Horne, au pied de la brasserie Frontenac (les bouteilles claires avec les belles étiquettes bleues), déchanter et découvrir que le plus ordinaire des villages québécois était plus proche de la ville européenne, avec son étalement de classes sociales, sa palette de métiers, ses habitants dont on pouvait retenir les

noms parce qu'ils avaient en même temps des fonctions, plus
près du concept urbain que ne l'est Montréal avec ses zones
qui s'éteignent successivement, selon qu'elles sont industrielles,
commerciales ou résidentielles, à cinq heures, en fin de soirée
ou au matin, sans un seul quartier qui vive vingt-quatre heures.
Une ville par *shifts*. Du monde *shifté*.

Il restait des villages, bien sûr. Côte-des-Neiges en était
l'exemple le plus vivant, réunissant logements, écoles,
boutiquiers, artisans. Pas de cinéma ni de théâtre, mais deux
grands lieux culturels: l'Université et l'Oratoire. Il y reste
encore des gens qui s'accrochent, malgré l'assaut des panzers
de béton. Une question de temps. La Côte-des-Neiges
présentait aussi ce symbole extraordinaire du sort qu'on fait
à l'humain à Montréal: un cimetière, dans la selle de la
montagne, entre l'Université et les Anglais. On respecte
davantage le citoyen mort que vivant: jamais ces gens-là n'ont
été aussi bien logés! Bâtie sur sa colline avec le parc au pied
tout autour, Montréal aurait été bien différente...

On cherchait un gros village, son souffle organique multiplié
par cent mille, une centrale d'énergie, un bouillon de culture;
on ne retrouve que la solitude des ghettos, des ghettos de
Juifs, d'Anglais, de *pea soup*, de Chinois, d'Italiens, de Grecs,
de riches, de pauvres, d'instruits, d'ignorants, de fonctionnaires, de gens de la nuit, la solitude des habitants des
"rangs", cette autre monstruosité héritée des seigneurs et
des compagnies de bois. Ce n'est pas qu'on manque
d'urbanistes, de zonages, de plans, d'horizons 2000, mais...
l'homme propose, le fric dispose.

Beloeil, c'est pour moi le dernier essoufflement d'une fuite
qui a pris plus de temps que celui de le dire. Il y eut d'abord
Boucherville, avant que Pierre Laporte ne coupe du fleuve et

des îles les terrains de jeux de la spéculation par une muraille de béton qui mériterait, elle, de porter son nom. Il y eut Longueuil, en ce temps Jacques-Cartier, malgré la réputation de ses édiles. C'était la limite de l'expansion urbaine, les dernières marches où l'on construisait. Jacques Ferron, qui y habite encore, en a décrit la réalité dans *la Nuit:*

"*... l'impasse de la campagne toute proche où, des derniers lampadaires aux premières étoiles, les champs vagues, les broussailles, les bosquets et les nuages formaient avec les ténèbres un énorme fouillis, le cloaque auquel se rattachait, dans les demeures furtives et retirées de chaque côté de la rue, le repos des classes laborieuses assommées de fatigue, qui décantaient leur lie d'humeurs aigries, de rêves baroques, de conscience avortée, résidu toxique qui, non évacué, aurait pu les rendre dangereuses.*"

Le temps d'un bail et vous étiez entouré. L'hiver vous aviez dans le nez les aunes, l'amélanchier et la cerise à grappes qui fardochaient dans la terre abandonnée et vous vous promettiez d'y courir l'été, mais à peine les merles venus, s'alignaient comme champignons des bungalows et des split-levels de mauvaise venue, sur la qualité desquels enquêtaient le magazine *Maclean* et *le Nouveau Journal*. J'ai retrouvé cet horrible sentiment d'invasion par des espèces aussi néfastes qu'extraplanétaires un soir de Saint-Jean-Baptiste, il y a deux ans, à Saint-Mathias, sur la ferme d'un copain. Déjà, aux confins du champ, de l'autre côté des pagées de clôtures, apparaissaient des maisonnettes de catalogue *made in Toronto*, qu'un mien ami architecte, hilare d'avoir rendu hommage au cidre de la région, montrait du doigt en disant: "Cerné, le gars! Cerné par les bungalows!"

En dix ans, l'onde concentrique née du malaise de vivre

une ville inhabitable avait parcouru vingt-cinq milles. Et il
faut bien voir — je m'en rends compte maintenant — que ce
que je cherchais, que cherchent encore les "migrants" de la
banlieue, ce n'est pas la campagne, mais la "limite" de la ville,
la dernière rue et le premier bosquet, pour combiner les
avantages de la ville et le confort paisible du monde rural. Les
Québécois habitent les perrons de leurs villes comme ils
veillaient sur ceux de leurs châteaux. Les cités eussent-elles
été faites autrement qu'ils les auraient acceptées, eux qui
furent marchands, marins, artisans bien plus qu'habitants.
La fuite des salaires moyens vers la plage de rencontre du
monde urbain et du monde rural est le plus terrible des
réquisitoires contre l'habitat urbain actuel et les prétentions
des peddleurs de "qualité de vie" qui trouvent Montréal *so
different.*

Beloeil, donc. La montagne, qui s'appelait Beloeil avant
que les édiles de Saint-Hilaire-de-Rouville n'imaginent de
changer ce beau nom en Ville de Mont-Saint-Hilaire pour
forcer le monde à rebaptiser le gigantesque batholite d'un
nom tiré du martyrologe, était presque déserte. Elle n'avait
pas non plus été attaquée par les éventreurs de la Saint
Lawrence Cement. L'eau du lac Hertel, qui ressemblait fort à
celle de Vittel, faisait la réputation des robinets. Celle du
Richelieu n'était déjà plus potable, mais on s'y baignait
encore. Claude Jutra a tourné son premier film à Beloeil. On
l'y voit plonger avec un copain, du haut du vieux pont
tournant que la Voirie laisse se décrépir. Quarante pieds,
les orteils tournés vers le ciel, les yeux fermés, les mains
pointées vers l'eau, en chute libre...

Si Claude Jutra plongeait aujourd'hui, il devrait être mis en
quarantaine et décontaminé. Je me demande souvent ce qu'il

advient de ces promeneurs du dimanche qui viennent devant
chez moi, au moins une fois chaque été, baigner les mioches
dans le caca des cent mille habitants des villes qui bordent la
rivière jusqu'au lac Champlain. Ils sont excusables de ne rien
voir: ils viennent après la messe, alors que les capotes passent
tôt le matin. La pollution urbaine leur a anesthésié le nez.
Peut-être les déchets industriels des usines de Saint-Jean et de
Chambly, peut-être les poisons chimiques de la CIL à
McMasterville, qui reçoit des subventions du gouvernement
pour inventer des filtres anti-pollution et en vend dans les
provinces où la loi les impose mais néglige de s'en équiper ici,
peut-être ces déchets et ces poisons sont-ils aseptisants,
antibiotiques...

Il y avait 4 000 habitants: il y en a près de 15 000. Le lac
Hertel se serait bien sûr asséché et un bon printemps, les
robinets ont commencé à débiter cette eau du Richelieu dont
je viens de vous parler, qui est décolorée et aseptisée, mais qui
n'en goûte pas moins le moisi, même dans le thé, même dans
la soupe, ce qui explique qu'on fasse venir son eau d'outremer.

Pour tous ces gens, il a fallu élargir les vieilles routes,
couper les arbres qui les bordaient, installer des câbles
téléphoniques gros comme des amarres, élaguer les arbres
restants, qui en meurent. Sans compter que le banlieusard
a la passion d'agriculter. Il tond. Et les érables centenaires du lot qu'il a acheté, les grands ormes qui n'ont
pas succombé à la maladie hollandaise, les peupliers aux
troncs gros comme des futailles et qui ont vu passer Champlain
qui allait tuer ses trois Iroquois à Grande-Ile, ces géants
s'effacent, remplacés par l'American Sunburst Locust,
l'épinette bleue du Colorado de Koster, l'orme chinois, le
pin d'Ecosse, toutes engeances aussi peu indigènes que les

bicoques de la Société fédérale d'hypothèque et de logement et qui ont toutes les misères du monde à s'ancrer dans la lourde glaise de la vallée. Ils sont partis, parce que des ormes, des érables, des peupliers, "ça fait trop de feuilles à ramasser!", "ça assombrit le salon!" Ou le prix d'excellence. "Ça faisait paraître ma maison trop petite."

Non point que les citoyens, anciens ou nouveaux, détruisent leur milieu. Au contraire, n'y eut-il eu que ceux-là, Beloeil aurait survécu, les inventions heureuses compensant les accidents de l'imagination.

Non. L'ennemi public numéro un, ce sont les pouvoirs publics. A Beloeil ou à Saint-Machin comme à Québec. Ce qui a détruit Québec, c'est le Canadien Pacific, l'Archevêché, le Comité de la Survivance, le Conseil municipal, le gouvernement de la province et, plus récemment, Jean Marchand avec ses millions. Ce qui détruit le Richelieu, c'est le ministère de la Voirie qui y déverse la terre arrachée à la plaine sillonnée d'autoroutes, sous les yeux ébahis des gens de Saint-Denis, Saint-Ours, Saint-Marc et Saint-Antoine qui voient couler leur fleuve "en brun", sous le regard paterne de Victor Goldbloom qui se plaît à croire qu'on "remblaie la berge". Ce sont les municipalités, qui se servent des rives comme d'un dépotoir pour les vieux pavés, les trottoirs recyclés, les regards d'égout démodés et qui répondent aux mécontents "qu'on attend le plan d'ensemble régional pour arrêter de procéder aux déversement de détritus". Ah! ces gens qui ont besoin de plans pour être propres! Et qui du pont de leurs Chriscraft ne voient rien que leurs prochains contrats.

Rien ne doit être fait qui ne rapporte. Il n'est point de grande fortune sans le soutien actif de l'Etat, disait, je crois, Poincaré. Il en va à Paragon-sur-Richelieu, à Semences-sur-

Saint-François, à Bulldozer-sur-Etchemin comme à Paris-sur-Seine. Une ville moderne, c'est une ville "aménagée". Une rivière comme il faut, c'est une rivière "aménagée". Une Côte-Nord correcte, c'est une Côte-Nord bûchée. Une baie de James sauvée, c'est une baie de James "mise en valeur". Que les rivières coulent entre des quais, que les arbres poussent dans des boîtes de béton: les espaces verts les plus beaux sont les billets de banque! *The engineering mind,* disent les Américains. Tout cela n'est pas un travers de l'intelligence humaine, qui est bien capable de différencier le vrai du plastique, mais de l'appétit, qui est insatiable.

Il n'est pas question de refuser le progrès. C'est là la réplique des sauterelles mises sur la défensive. J'ai horreur d'entendre "qu'on n'arrête pas le progrès", comme on dit qu'on n'arrête pas le cancer. Le progrès devrait être ce que l'homme organise, et non pas ce qui organise les hommes. Le progrès auquel font allusion les développeurs et développistes, c'est celui de leurs comptes de banque. Beloeil n'est pas une exception: toute la rive sud du Saint-Laurent, de Valleyfield à Sorel, n'est plus qu'une mer de jachères, de terres en spéculation, de "développements" ignobles, de cabanes de six pièces "et demie", de piastres vite faites, comme le Nord, d'ailleurs, de Montréal à Sainte-Agathe, comme l'île Jésus, comme Vaudreuil-Soulanges — la lèpre est partout. — Les noms — on n'ose pas dire des lieux — rappellent heureusement les patronymes des fondateurs, ce qui facilitera les règlements de compte au grand Jugement: Ville Tapon, Ville Legros, Ville LeRiche, Patroneuxville, Pointe-Cousin, Belle-Famille, Organisateur City, Paragon-sur-mer...

Comme par hasard, aux débuts d'une nouvelle ville, le maire est souvent l'ancien fermier qui a loti sa terre, devenu

"constructeur" d'autant plus facilement qu'il était généralement organisateur libéral (ou unioniste, avant 1960) ou
marchand de matériaux de construction. Les conseillers
municipaux sont entrepreneurs en électricité, en plomberie
ou paysagistes, toutes professions fort en demande dans une
banlieue naissante. Leur "motto": *le progrès*, c'est-à-dire des
bungalows, toujours des bungalows, encore des bungalows.
Leur intérêt? Offrir les plus mauvais services municipaux et
scolaires de façon à pouvoir affronter la concurrence des cités
voisines en gardant les taxes "basses". Pour un temps. On n'a
pas encore vu qu'il y a conflit d'intérêt entre le fait d'être
marchand — surtout de ces choses — et administrateur
municipal. Ou on l'a vu et on le cache. Pas une fortune,
depuis quinze ans, sur la Rive Sud, qui n'ait été accumulée
patiemment au gré — le plus légalement du monde — de
l'influence politique, des zonages, et du "progrès".

Je crois qu'on n'a rien compris à la politique nouvelle, celle
des années soixante et de la Révolution tranquille, celle qui a
succédé à la politique duplessiste des bouts de chemin et du
un homme un vote un frigo, si on ne vit pas ou si on n'a pas
vécu en banlieue. En ville, deux choses se sont conjuguées pour
décourager les gens de faire de la politique: pour la moitié des
électeurs le maire est parfait, pour l'autre moitié des électeurs
le maire est trop fort. A la campagne, on a suivi de loin,
résisté un peu, manifesté son incompréhension sinon son
mécontentement. En banlieue, on a compris: la Révolution
tranquille servait avant tout à faire croire que ce n'était pas
la peine de la faire puisqu'on l'avait déjà faite. On avait bien
tort de bouder un progrès qui ferait enfin des millionnaires
canadiens-français "à la poche". Chacun sa tranche.

Ce continent n'a jamais vécu que de pillage. Pillage des

Indiens, des castors, du bison, de la forêt, de la plaine. Les
lacs, les bois pillés, on s'est rabattu sur ce qui restait encore:
l'espace. La main des spéculateurs sur les irremplaçables
basses terres du Saint-Laurent est celle-là même des multinationales sur la Basse Côte-Nord, sur la Gaspésie, sur
l'amiante des Cantons de l'Est: "sortir" un maximum de
profit avant qu'un enfant ne s'avise de crier au voleur.

On ne peut envahir, piller les campagnes que parce que la
ville est inhabitable et que le pouvoir politique échappant aux
citoyens, leur salut réside dans la fuite. Quand les banlieues
seront devenues elles-mêmes inhabitables et que ce qui reste
de campagne sera trop loin, on assistera peut-être à la
résurrection des villes, les vraies. Ce jour-là, on saura que la
politique est devenue, ou redevenue, la sage gestion de
l'usufruit. Aujourd'hui, elle n'est que l'organisation du pillage.

Beloeil. Je parle comme un protecteur de petits oiseaux et
de plantes rares, et je me fais suer. Car ce qui est mort à Beloeil,
c'est autre chose: les arbres repoussent, les oiseaux reviennent
tôt ou tard, ou on peut en trouver ailleurs. Même au zoo.
Mais Beloeil 1962, c'était l'extraordinaire spectacle, pour des
enfants qui grandissaient, d'un organisme vivant, d'un univers
réel. Vision gargantuesque, quand on est haut comme un
framboisier, d'une vache éventrée chez le boucher du village,
à côté de l'église; le boulanger qui aligne dans des berceaux de
tôle ses petites poupées de pâte ou l'extraordinaire odeur de
peau de femme qui avertit que le pain est cuit; les naissances
et les morts annoncées par les cloches; les deux cordonniers,
le ferblantier, le menuisier, tous ces ateliers où l'on va
apprendre des choses merveilleuses, mais surtout que chacun
fait partie de l'équipage, qu'il y a des jeunes, des vieux et des
entre-les-deux, des idiots de village quelquefois, des curés

même, des bonnes soeurs encore. Une communauté organique
comme un récif de corail. Tandis que la banlieue n'a que ses
maisons construites ensemble, toutes pareilles et qui se
videront ensemble parce qu'y habitent des couples du même
âge, qui font des enfants pareils la même année, qui travaillent
dans les mêmes lieux, gagnent les mêmes salaires, conduisent
les mêmes autos, vont en vacances dans les mêmes contrées.
Et on prétend avoir créé les polyvalentes "pour mélanger les
classes sociales"!

On cherchait la ville en ville; faute de l'avoir trouvée, on a
cru qu'on pouvait la rebâtir à la campagne. Mais ce n'est que
le ghetto urbain qu'on a exporté. Le marchand général a cédé
la place aux champs-élysées du plastique, aux A & W Root
Beer, Dairy Queen, Brazier Burger, Villas du Poulet, Harvey's,
McDonald's Hamburger, Ponderosa Ranch, mini-Putts,
cinéparcs (cinq films pour deux piastres le samedi soir), seules
manifestations culturelles de ces déserts de l'esprit que sont
les banlieues. L'arpent, le pied-de-roi et le minot ont disparu
devant le zéro-soixante en six secondes trois dixièmes des
Roadrunner vert électrique à rayures oranges et mauves. Les
maisons à trois chambres à coucher ont succédé aux antiques
grands châteaux et la famille moyenne de 2,1 enfants de Don
Mills ou de Saskatoon s'est installée au Québec. Le
contraceptif n'est pas la pilule mais la SCHL.

Un instant on a respiré: il y avait la crise de l'énergie. Une
occasion rêvée pour arrêter le massacre, penser à habiter là où
on peut travailler et travailler là où on peut habiter, ramener
les villes en ville, avec un peu de verdure... C'était une
illusion: le prétexte de prendre des profits supplémentaires,
une autre bouchée dans la chair du pauvre con de citoyen
manipulé comme un conseil municipal par les aménagistes et

les constructeurs de centres commerciaux. C'était une illusion: il y a encore de la gazoline. Les villes resteront en béton. La campagne sera en plastique...

L'AUTRE GASPÉSIE

(*Le Maclean*, juillet 1975)

La Gaspésie des goélands, des morues et des touristes, cet étroit pays laminé entre la montagne et la mer, à peine plus large quelquefois que la route, tout le monde la connaît.

Chaque année, un demi-million de touristes en font le tour à étapes forcées, se précipitant vers le célèbre trou de Percé, sans soupçonner qu'il existe à une portée de fusil des villages côtiers une autre Gaspésie, une Gaspésie secrète, presque inhabitée, mystérieuse, où l'on trouve non seulement les plus beaux sites et les pics les plus hauts du Québec mais une extraordinaire réserve d'excursions, d'air vierge, de vacances sans gargotes, sans panneaux publicitaires et sans voitures.

C'est la Gaspésie des forêts, des torrents glacés et de l'altitude.

La péninsule gaspésienne est le tombeau des Appalaches. Ce système montagneux, qui naît en Alabama, et dont les chaînes diverses, montagnes Bleues, Vertes, Blanches, Catskills, Adirondacks, séparent le Mississippi de l'Atlantique sur plus de 2 000 milles, vient mourir par vagues successives dans le

Saint-Laurent. Les premières se noient à Kamouraska où leur
échine forme un chapelet d'îlets au ras de l'eau. Un deuxième
plissement débouche au Bic, un troisième se casse abrup-
tement à Mont-Saint-Pierre. Les derniers ressacs se rendent à
la "fin des terres", Gaspeg en langue micmac.

A l'intérieur des terres, elles forment les Chic-Chocs,
"montagnes rocheuses", en micmac toujours. Le massif nord
se jette dans l'Atlantique sur la pointe du Forillon, le massif
sud vient s'égrener en un étonnant assemblage de falaises, de
crêtes et de rochers rongés par l'eau, à Percé. Le Forillon et
Percé, c'est à peu près tout ce que les touristes voient de ce
gigantesque sursaut géologique si l'on excepte les pentes de
ski de Lake Placid, de Stowe, de Sutton ou d'Orford, qu'ils
fréquentent l'hiver.

Saint-Octave-de-l'Avenir était un petit village forestier,
fondé et nommé par des curés optimistes malgré le vent froid
qui balaie ce haut plateau où l'été n'atteint pas cent jours. Il
n'existe plus. Le cinéaste Jean-Claude Labrecque en a montré
l'agonie dans *les Smattes,* un bon western de chez nous,
mettant en scène les frères Pilon, deux "jeunesses" qui
refusent de se laisser parquer par le gouvernement dans les
HLM sans style jetés à Matane ou à Cap Desrosiers par des
architectes fonctionnaires qui n'ont jamais bien regardé les
maisons gaspésiennes.

Mais on peut encore accéder à Saint-Octave, à partir de
Cap-Chat. Il reste la grande église, qui abrite un camp de
vacances ou de cadets, on ne sait trop, et des balançoires que
fouette le vent incessant, utilisées seulement par des volées
d'engoulevents en folie. Sous le taillis de cerisiers sauvages et
d'aulnes qui reconquiert lentement les champs, on repère

l'emplacement des vieux rangs à leur bordure de verge d'or et de grande angélique.

C'est là qu'on peut apercevoir le mieux le moutonnement de montagnes qui déferle de Matane à Sainte-Anne-des-Monts. Les monts Blanc, Pointu, Nicol Albert, le Frère de Nicol Albert, le Morne de Glace, Matawis, dressent à 3 000 pieds, certains à près de 4 000, comme le Logan, une arête en dents de scie d'une beauté à couper le souffle. C'est la moitié ouest des Chic-Chocs.

Pour trouver la moitié est, baptisée chaîne des McGerrigle, du nom d'un géologue d'antan, il faudra traverser la rivière Sainte-Anne, emprunter la grande route asphaltée qui coupe la péninsule en empruntant l'admirable vallée de la Cascapédia entre Sainte-Anne-des-Monts et New-Richmond. Une route enserre le massif où culminent, à 4 250 pieds, le mont Jacques-Cartier et la Table. C'est une route toute neuve, taillée au bulldozer, sans grand respect pour le paysage. On rêve d'envoyer les ingénieurs de la Voirie et des Richesses naturelles, qui déplacent partout les fleuves et les montagnes au lieu de s'y glisser, qui violent au lieu de séduire, suivre quelques cours en Suisse, en Autriche ou en Italie.

Il y a bien des années, une route menait au sommet du mont Jacques-Cartier. Pendant la dernière guerre, l'Armée, qui n'aime pas marcher, y avait installé une base de radar et de radiocommunications. L'armée est repartie, laissant une route devenue heureusement impraticable, ce qui empêche jeeps et motos d'accéder au sommet. L'armée est repartie, mais en abandonnant ses déchets: vieux câbles, boîtes de conserves, verre brisé et une vieille cabane où les visiteurs inscrivent des graffiti pleins de santé: "Ange-Aimée Trentesous a fait la passe ici avec les gars de Bauval..." Le général Dextraze aime croire que son armée est de plus en plus souvent affectée à des tâches civiles: il se fera un plaisir d'envoyer une brigade et quelques hélicoptères géants nettoyer le dépotoir qu'ont laissé ses prédécesseurs!

Heureusement, le plateau est unique. C'est un morceau de toundra dénudé, une moisson de roches gélives couvertes de lichens que viennent au petit matin brouter les derniers caribous de la rive sud, du moins ceux que n'ont pas encore abattus, malgré les interdits, des chasseurs, américains, dit-on, qui poussent l'esprit sportif jusqu'à chasser en hélicoptère. Ce plateau d'une couple de milles carrés domine dix montagnes, quinze lacs et des champs de neige en plein juillet, les seules neiges éternelles du Québec, avec celles du mont Albert.

La lumière y est éblouissante et le vent, d'une sonorité presque polaire, interminable. En vous couchant, le soir, de retour à la civilisation des villages, vous l'entendrez encore...

Ces deux massifs des Chic-Chocs forment ensemble l'épine dorsale du plus bel ensemble de parcs du Québec: au Parc de la Gaspésie proprement dit, il faut ajouter celui de Matane, les réserves de Cap-Chat, des Chic-Chocs et de la Cascapédia, qui le jouxtent. Au total, il s'agit d'un territoire d'environ 800 milles carrés, qui fourmille de lacs, de rivières à saumon, de montagnes où on retrouve, bon an mal an, ces athlètes du tourisme que sont les skieurs de fond, les alpinistes, les excursionnistes et les savants, ainsi que les simples pêcheurs à la ligne.

Ce parc n'est pas le plus vaste. Il est même modeste à côté des pays que sont ceux des Laurentides ou du Mont-Tremblant. Mais c'est certainement le plus beau, le plus spectaculaire, le plus varié. On ne l'a pas installé, comme d'autres, dans des territoires déjà dévastés par les sociétés forestières et dont on ne savait plus quoi faire, mais dans une sorte de paradis. "Un territoire quelconque, écrit le sous-ministre L.-A. Richard, en 1936, ne saurait faire qu'un parc quelconque. Dans le monde entier, on a admis comme principe qu'un parc national devrait être soustrait à toute commercialisation et à toute industrialisation... C'est sous l'inspiration de ces conventions que sera construit et aménagé le nouveau parc de la Gaspésie qui, outre le paysage d'une beauté émouvante, offrira plusieurs intérêts variés au point de vue de la géologie, de la flore et de la faune, sans compter les possibilités sportives."

Hélas! ce parc qui devait être "une réserve écologique pour l'avenir" est le plus menacé de tous. Il est situé loin des grands centres, moins fréquenté que les autres, peu et mal connu: les pouvoirs publics se sentent assurés de l'impunité. Les difficultés économiques largement affichées de la Gaspésie et le prétexte de l'emploi justifient toutes les violations de la loi, tous les massacres. On tue, bien sûr, la poule aux oeufs d'or, mais quand elle sera morte, les politiciens du temps se débrouilleront...

On aime beaucoup parler des braconniers. Ils ont bon dos et ne manquent pas de pittoresque. Sur la rivière Saint-Jean, où ils prennent le rare saumon au filet, ils se sont équipés de walkie-talkies pour s'avertir de l'approche des gardiens. Une rumeur, difficile à vérifier, veut qu'un camion frigorifique y ait chargé, un matin de juillet dernier, 8 000 livres de saumon, soit environ 500 poissons, ce qui n'est pas inimaginable.

Nous avons parlé des "sportifs" qui traquent le caribou en hélicoptère. Les braconniers locaux, qui chassent l'orignal, sont plus sympathiques. Une ambulance, raconte-

t-on, arrive un matin à la barrière du parc, toute en sirène et
en clignotants, en route pour l'hôpital de Sainte-Anne-des-
Monts. Le gardien n'a pas envie que la dame lui accouche sur
les genoux et qu'on l'engueule à la messe le dimanche suivant.
Il laisse passer. Vingt minutes plus tard, les ambulanciers
déchargent le "malade" chez un boucher. Il s'agit de deux
orignaux coupés en quartiers!

Mais le pire braconnage n'est pas celui-là. Evidemment, si
même les refuges des bêtes ne sont plus sûrs, leur avenir est
menacé. Mais la surveillance est relativement étroite, les
braconniers peu nombreux, et le Parc de Matane, par exemple,
passe pour le plus giboyeux de tout le Québec.

Les vrais braconniers, ce sont les sociétés minières et
forestières qui détruisent, par négligence ou pour gonfler les
profits, le milieu naturel, ainsi que les gouvernements et les
fonctionnaires qui laissent s'effectuer, contre la loi, le pillage
et le saccage de ce parc irremplaçable.

Dans la réserve de Matane, les coupes forestières sont
sélectives et surveillées. Dans celui de la Gaspésie, par contre,
la Compagnie Richardson de Cap-Chat effectue ses coupes à
blanc, même sur des pentes trop escarpées, où l'on sait que
les arbres ne repousseront pas. Plus loin, en roulant vers
Murdochville, on dirait que la forêt est rasée au bulldozer.
Dans ce pays froid, elle prend des décennies à repousser,
quelquefois plus de cent ans, en altitude.

L'éclatement d'un barrage de retenue des déchets des
Mines Madeleine, l'an dernier, a davantage tué de poissons
que tous les pêcheurs depuis Christophe Colomb. On n'en a
pas moins laissé pêcher les touristes, québécois ou américains,
à fort prix, dans une rivière dont on savait qu'elle était à peu
près stérile!

Le Parc de la Gaspésie est aujourd'hui crevé de cratères de toutes sortes, sillonné de gigantesques camions, zébré de routes poussiéreuses et qui ne respectent pas la configuration géographique des lieux. Les ponctions des braconniers ne sont rien à côté des déprédations des sociétés commerciales qui partiront demain saccager d'autres territoires vierges, sur la Côte-Nord, à la Baie de James ou ailleurs, ne laissant derrière elles que des ruines et des Gaspésiens sans gagne-pain.

"Les parcs québécois sont livrés petit à petit au pic et à la hache des exploitants industriels", écrit *Québec-Science* de mai 1975.

"Créée en 1961, la réserve (de chasse et de pêche) de la baie de James est assujettie dans sa totalité, près de 6 millions d'hectares, à la Société de développement de la baie James (SDBJ) et ce, seulement dix ans plus tard. La société se donne comme mission prioritaire l'exploitation du potentiel hydroélectrique des rivières, avant même d'en mesurer les impacts écologiques! Le parc provincial de la Gaspésie est criblé de sondes minières, déchiré de routes d'accès et blessé d'au moins trois cratères d'exploitation du cuivre, sans parler de toutes les structures et du transport routier généré par l'exploitation commerciale des mines. Il y a de quoi faire de ce parc un véritable "chantier forestier, minier et routier", selon l'expression même du rapport de la mission d'inspection, menée par le Conseil québécois de l'environnement. Inutile de multiplier les exemples de viols des parcs, et de scruter les concessions forestières ou minières, les aménagements hydroélectriques, bref les impacts divers de l'activité humaine. La protection est inefficace, puisque près de 15 pour cent du territoire des parcs et réserves de chasse et pêche leur a été amputé dans les dernières années."

Plusieurs pays font aujourd'hui des efforts désespérés pour sauver de l'extinction, prévue pour les prochaines années, le saumon de l'Atlantique. Bien sûr, les braconniers — et les vrais pêcheurs — ont leur part de responsabilité. Mais on ensemence abondamment d'alevins les cours d'eau de Gaspésie et de la Côte-Nord. Cela devrait compenser... Or, le saumon continue à dépérir.

La vérité, c'est qu'il disposait jadis, des Grands Lacs à la mer, de 1 500 rivières où frayer. Il lui en reste 90. Il y a deux cents ans, les engagés, les garçons de ferme, exigeaient qu'on ne leur serve pas de saumon plus de deux fois par semaine. Aujourd'hui, il est introuvable, et la pêche commerciale en est, théoriquement, interdite. Il a reculé devant le déboisement, le flottage du bois, les villes, la pollution, l'arrosage des forêts avec des insecticides, la pêche en haute mer.

On hésite.

Faut-il révéler cette Gaspésie secrète pour que les citoyens, à qui elle appartient, la voient avant d'en être définitivement volés? Ou faut-il en taire les beautés pour la soustraire à la ruée destructrice des voitures, des caravanes et des feux de camps? Les routes du Parc de Matane sont des routes de bois, étroites et sinueuses, mais elles sont bonnes. Il suffit d'y rouler lentement. A vingt milles à l'heure. Les détours, d'ailleurs, permettent d'approcher, sans être repérés, les ours, les orignaux, les lièvres, les gélinottes, les éperviers ou les buses.

Le danger d'un afflux de touristes, c'est que ces paresseux en automobile exigent qu'on élargisse les chemins, qu'on les redresse, qu'on les pave. Qu'on remplace les sentiers de montagne par des routes de corniche. Aller voir à toute vitesse, pour être sûr de ne rien voir, ce qu'on a détruit ou chassé!

Ce tourisme-là se fait à pied. Avec l'appareil photographique plutôt que le fusil. Il faudrait installer, à l'entrée du parc, des écriteaux portant l'inscription: "Si vous êtes pressés, c'est que vous avez affaire ailleurs..."

Pour visiter le Parc de Matane, on remonte la route qui longe la rivière du même nom, une des plus jolies du Québec. Elle mène, par Saint-René Goupil, à l'entrée du parc, où l'on peut non seulement pêcher, mais camper. (Il faut réserver ses places à Matane même, au Bureau du ministère du Tourisme.) On y verra le splendide lac Matane, avec ses allures de fjord, et l'Etang, où les ours viennent manger près du camp — et quand le "cook" est en verve de bonnes histoires — dans la cuisine même. Le paysage, d'abord champêtre, se tourmente au fur et à mesure qu'on approche de la gorge où dévale la rivière Cap-Chat, à laquelle la route se colle. Les défilés, entre le mont Nicol-Albert et le Morne de Glace, sont vertigineux.

Le Parc de la Gaspésie, on le visite en se rendant, par Sainte-Anne-des-Monts ou par New Richmond, au Gîte du Mont-Albert, situé au pied de la montagne du même nom, la plus belle de toute la région et la plus passionnante à explorer.

Fondé à la fin de la dernière guerre après des essais infructueux en 1937, le Gîte est une auberge du ministère du Tourisme. Il est formé d'un hôtel central, d'un camping, de très beaux chalets, ainsi que de camps de pêche situés au bord des lacs dans un rayon d'une dizaine de milles.

Le Gîte abrite également un des rares relais gastronomiques de la Gaspésie, installé dans une ancienne chapelle de bûcherons. Le Gîte est peu connu. Le gouvernement évite toute publicité pour ne pas déplaire aux hôteliers de la côte qui voient un concurrent là où il y a surtout un point d'attraction pour une grande partie de leurs clients. D'ailleurs, quelle entreprise courrait le risque d'installer un hôtel et un restaurant de qualité dans un endroit qui ouvre le 24 juin et ferme avec septembre?

Au Conseil des ministres, les entreprise-libristes férus d'efficacité parlent à l'occasion de fermer le Gîte, sans admettre que le déficit encouru doit être imputé autant au fait qu'il sert d'école de cuisine   et d'hôtellerie, l'hiver, qu'à la nécessité d'assurer un relais en un endroit où l'entreprise n'ose pas se risquer. D'ailleurs, en termes de rentabilité immédiate, ne vaudrait-il pas mieux fermer les parcs, comme les écoles et les maisons de vieux, ou mieux encore, les abandonner à l'exploitation minière?

On peut passer une semaine ou davantage au Gîte sans s'ennuyer. Il sert de port d'attache aux pêcheurs à la ligne, mais aussi aux excursionnistes ou aux savants venus de tous les coins du monde explorer cette curiosité géologique qu'est le mont Albert, zone ayant échappé à la dernière glaciation, et où pousse une flore alpine très rare. Le livre des visiteurs du Gîte est un véritable "who's who" de la biologie, de la botanique, de la géologie et de la volcanologie. On se rend au sommet en compagnie d'un guide.

Le Gîte est aussi le point de départ vers la vallée de la Cascapédia. En dehors de la saison de pêche au saumon, on peut descendre cette rivière en canoë. Elle est rapide, mais ne présente guère d'autre difficulté ou d'autre danger que celui de s'ankyloser le cou en admirant le paysage. La descente prend deux jours.

Pour les mordus du Parc de la Gaspésie — ils forment un clan irréductible — l'hiver n'est pas un obstacle. Le mont Logan offre les plus grands champs de neige de ce côté-ci du continent. Du mont Matawis au ruisseau de la Mem, la descente a environ sept milles. Il faut monter à pied, avec des skis de montagne, en portant son bagage. L'an dernier, un groupe de membres de la Fédération québécoise de montagne a joint, en plein hiver, le mont Logan au mont Jacques-Cartier. Une distance de 80 milles. Dix jours d'aventure...

Le meilleur moyen de sauver ce pays de la destruction, c'est d'y aller. Pour voir. Pour constater. Pour protester. Evidemment, il y a des risques. L'homme ne marche pas sans laisser de traces. Mais aussi bien que ce soit les nôtres que celles des bulldozers de la Richardson ou de la Gaspé Copper...

LA DÉCOUVERTE DE LA JACQUES-CARTIER

(*Le Maclean*, août 1973)

En matière d'environnement, le Québec a un ministre, mais pas de politique, ce qui rend le ministre triste et facilite la dégradation systématique du territoire. Cela permet aussi aux Québécois de découvrir, en même temps que la façon dont s'exerce le pouvoir en cette province, des richesses inconnues. Par exemple, la Jacques-Cartier.

C'est sa beauté qui fera le malheur de la Jacques-Cartier,

pas sa puissance. En termes d'énergie, en effet, c'est un
ruisselet: même pas le dixième du débit de la Manicouagan.
Il n'est pas question d'y implanter des grands barrages, des
sennes à cumulo-nimbus.

La Jacques-Cartier tire sa valeur de la grandeur du paysage,
que l'on a comparé au Grand Canyon, au Niagara, aux plus
beaux sites gaspésiens, bien qu'elle ressemble plutôt à un
fjord norvégien. Le Parc des Laurentides, à vingt milles au
nord de la capitale, est le "toit" du Québec: il s'agit d'un
immense plateau semé de lacs, dont les ondulations atteignent
les 4 000 pieds, et où les pêcheurs, au début de juin,
conservent leur truite sur la neige. La Jacques-Cartier y
enfonce comme une balafre une vallée glaciaire étroite,
resserrée entre des falaises hautes de 1 000 à 1 500 pieds, et
qui court sur une bonne journée de marche jusqu'au confluent
de trois sources impétueuses que l'imagination populaire a
respectueusement nommées le Taureau, le Malin et la Cavée,
une gorge tortueuse et profonde où l'eau descend de 1 000
pieds en un mille et que nul homme n'a jamais vue.

Cette rivière est fréquentée par les pêcheurs à la ligne, les
canoïstes, les excursionnistes, les photographes, les *bird
watchers*, les motoneigistes, les alpinistes, les biologistes, les
écologistes et les scouts, ainsi que par les bûcherons de la
Société forestière Domtar qui coupe, sur les plateaux, 100 000
cordes par an de sapin et d'épinette noire. Depuis l'installation de la papeterie de Donnacona, à l'embouchure, le
saumon n'y remonte plus et la truite s'y fait plus rare et plus
menue bien qu'on en ait pris, l'an dernier, 32 000 d'un poids
moyen de deux onces. On a vu le dernier caribou en 1927.
Les Indiens, eux, en avaient été chassés dès la fin du siècle
dernier, lors de la création du Parc des Laurentides.

L'Hydro-Québec est acheteuse. Pourquoi s'intéresse-t-elle
à cette rivière sans débit et sans bassin de réserve? L'étroitesse
de la vallée la rend facile à fermer. La hauteur des précipices
qui font sa beauté promettent de phénoménales hauteurs de
parachute. Ce sont là des conditions idéales pour aménager
un type de centrale nouveau au Québec: la centrale de réserve
d'énergie par pompage.

Vers cinq heures, dans deux millions de foyers, les enfants
arrivent de l'école. La porte du réfrigérateur bat sans arrêt.
Tous les petits sont devant le téléviseur. La soupe cuit sur un
élément porté au rouge. Le macaroni gratine dans le four. Le
Cascade 60 chauffe. L'hiver, il faut ajouter l'éclairage, le
chauffage. Le métro est plein à capacité. Pour une brève
demi-heure deux fois par jour, à onze heures du matin et en
fin d'après-midi, la consommation d'électricité triple, avec
un sommet en décembre et janvier. 200 heures par an, c'est
la pointe.

Jusqu'à maintenant, l'Hydro dispose de telles réserves de
puissance à Bersimis, Manicouagan et Churchill, que ses
installations de base peuvent répondre à cette demande de
pointe, mais les pointes prévues pour 1980 dépassent la
capacité actuelle.

L'idéal serait d'emmagasiner l'électricité la nuit ou le
week-end, alors que l'eau s'épuise en tourbillons improductifs
au pied des déversoirs. Mais voilà, l'électricité ne se met pas
en conserve, pas plus que l'eau ne se transporte. On peut, par
contre, imaginer une double opération de transfert:
l'électricité perdue la nuit alimente des pompes qui rempliront
une réserve artificielle créée à proximité des marchés. En
période de pointe, cette eau à laquelle on a fait "remonter
le courant" fournira des kilowatts vendus au prix fort. Cette

technique est doublement économique, puisque ce genre de centrale, dite "à réserve pompée", coûte trois ou quatre fois moins cher qu'une centrale classique. Tout ce dont on a besoin, c'est de deux réservoirs séparés par la plus grande dénivellation possible. Théoriquement, on n'a même pas besoin de rivière ni de lac.

En fait, les premiers projets étudiés par l'Hydro-Québec, en 1960, envisageaient d'utiliser le lac situé au sommet du mont Beloeil, près de Montréal, et un bassin creusé dans la plaine de Rouville. Déjà, à l'époque, on avait retenu, outre cet emplacement, un autre situé au Cap Tourmente, entre Québec et Baie-Saint-Paul, deux près de Saint-Benoît, sur le lac Memphrémagog, un dernier sur l'Outaouais.

En 1966, à la suite des bouleversements provoqués par la nationalisation de l'électricité, l'Hydro-Québec complète son répertoire d'emplacements. Ce que l'Hydro retient, c'est que la région de Québec est la plus appropriée: on y trouve les lignes de transport capables d'apporter aux pompes l'énergie nécessaire. De plus, les pertes de courant subies depuis le départ de la Côte-Nord permettent d'y insérer l'énergie produite.

Au Cap Tourmente en particulier, l'Hydro trouve une hauteur de chute de 1 200 pieds entre le fleuve Saint-Laurent et un lac supérieur qu'il suffira d'agrandir, ainsi que la proximité d'une voie ferrée pour acheminer l'équipement. Le potentiel de la centrale est de 2 500 000 kilowatts, soit exactement ce qu'il faudra à l'Hydro en 1980.

Mais de 1969 à 1971, les choses se gâtent: on avait oublié que l'eau du Saint-Laurent est salée, ou minimisé le problème. Le besoin d'alliages inoxydables risque d'ajouter 25 millions de dollars au coût des installations. On craint également l'infiltration d'eaux saumâtres dans la région de Saint-Tite.

En fait, à la lumière des problèmes de corrosion survenus à l'usine d'eau lourde de Glace Bay, en Nouvelle-Ecosse, l'Hydro a une trouille noire des complications, d'autant plus qu'elle n'est pas familière avec d'autres techniques que celles de l'hydroélectricité classique.

L'Hydro se tourne donc vers la rivière Jacques-Cartier. Un rapport de l'ingénieur André Denis montre qu'on y trouve sept sites possibles, d'une puissance variant d'un million à huit millions de kilowatts. Il serait possible d'acquérir l'expérience de ce type de centrales "avec une petite centrale-pilote dans un site mineur... et d'aménager ensuite des sites de plus en plus puissants en 1984 et 1986".

Consultés, les ministres des Richesses naturelles, des Terres et Forêts, du Tourisme *et de l'Environnement* accordent à l'Hydro l'autorisation d'amorcer des travaux préliminaires, sans la moindre objection. L'Hydro, nimbée de la gloire de la Manic, seule entreprise québécoise de taille internationale, avenir de la nation, croit l'affaire "in ze pocket". Dès juillet, elle annonce son jeu, dévoile les plans d'un barrage de 180 pieds, qui refoulera l'eau à 18 milles et demi en amont de Stoneham et rencontre les 300 habitants de ce petit village, comme s'ils étaient les seuls dépositaires du trésor de la Jacques-Cartier. Six ans et 175 millions plus tard, on aura 1 000 000 de kilowatts de "pointe".

C'était mal visé.

Personne ne s'en était encore aperçu, mais Québec était en pleine crise écologique. En dix ans, la population de la capitale est passée de 200 000 à 480 000 habitants. Les subventions du ministère de l'Expansion économique régionale ont transformé la ville en chantier. Québec, crevée par les autoroutes, n'est plus qu'un immense stationnement. On n'y trouve qu'un seul grand parc, les Plaines d'Abraham, isolé par une ceinture de quartiers cossus. Les derniers espaces verts de Sainte-Foy à l'ouest et de Charlesbourg au nord sont avalés par un développement domiciliaire anarchique. Le gouvernement provincial exploite quatre misérables terrains de camping, surpeuplés, en bordure de la route. Quant au Parc des Laurentides, il n'a jamais été aménagé: c'est la chasse gardée des pêcheurs à la ligne et autres noyeurs de lombrics.

Le 5 août 1972 se crée le Comité pour la conservation de la Jacques-Cartier, dirigé par Jean Bédard, professeur de biologie à l'Université Laval et par Raymond Labrecque, annonceur de radio. On met la population locale dans le coup, on alerte les journaux, l'opinion publique, on fait circuler une pétition. Ces contestataires, qu'on fait l'erreur de prendre pour une troupe de rêveurs barbus, sont des savants, des chercheurs: ils ont quelque chose à dire et les moyens de le dire.

Pourquoi les conservationnistes s'opposent-ils au projet? Pour eux, la vallée de la Jacques-Cartier constitue un éco-système, un ensemble d'une beauté exceptionnelle, relativement facile à remettre en son état originel malgré 75 ans d'exploitation. Mais surtout, elle est située pour l'essentiel à l'intérieur d'un parc provincial. Le Québec ne compte que quatre parcs "provinciaux", tous objets d'usages incompatibles avec leur vocation première: c'est l'occasion rêvée de défendre une question de principe.

On fait également valoir que la Jacques-Cartier a l'avantage, contrairement à d'autres rivières, comme la Malbaie ou la Sainte-Anne, d'être aux portes de Québec. Avec ses 38 milles d'accès public à l'eau, elle constitue même le dernier espace vert disponible à proximité d'une capitale en pleine expansion.

Le gouvernement en est pleinement conscient. Dès 1970, à la suite d'un rapport d'un haut fonctionnaire du ministère des Terres et Forêts, il négociait avec la Domtar et la maison Leduc l'arrêt des coupes de bouleau jaune dans la vallée.

Les conservationnistes, enfin, accusent l'Hydro de cacher au public l'ampleur véritable de son projet, d'en minimiser les dommages, et de se livrer à un lobbying indigne.

Dès octobre, le cabinet se divise. Le 16 février, Claude Simard, ministre responsable des Parcs, fait expulser l'Hydro-Québec. Pour Robert Bourassa, l'Hydro-Québec "n'a pas su vendre sa salade"... Le gouvernement, en somme, n'a ni opinion ni politique: il veut surtout éviter les ennuis et apaiser l'opinion publique, à quelques mois des élections. A l'Hydro de se débrouiller avec son difficile problème de relations publiques.

Or, l'Hydro, encore une fois, va commettre une bourde. Puisque les Québécois veulent des loisirs, se dit-on, on va leur en donner. Loin de détruire les qualités "touristiques et récréatives" de la Jacques-Cartier, le projet Champigny va les multiplier! L'Hydro demande un plan d'aménagement récréatif à la firme Gauthier, Poulin et Thériault, ingénieurs responsables de l'aménagement du Parc Forillon en Gaspésie.

Autour du lac créé par son barrage, "pièce d'eau qui ne pourra qu'améliorer la beauté du site", on créera un parc divisé en trois parties: une zone aménagée, à proximité du barrage, munie de stationnements, de terrains de pique-nique et de camping, d'un terrain de jeu et d'une rampe pour la mise à l'eau des embarcations de plaisance. On y fera de la voile, du canoë, de la pêche et des promenades en "bateau-mouche". Une zone semi-primitive comprendra un réseau de sentiers joignant au réservoir les lacs avoisinants, ainsi qu'un camp de "classes vertes", trois campings "rustiques", une ligne d'autobus et un centre d'interprétation. La zone primitive, enfin, constituée par la partie non inondée de la rivière, ne comprendrait que des sentiers.

Les deux actes suivants se dérouleront devant les députés: le gouvernement, en effet, invite l'Hydro à dévoiler son projet de parc aux membres de la Commission parlementaire des Richesses naturelles, à exposer les besoins d'énergie des années quatre-vingts et à expliquer la nécessité d'utiliser la Jacques-Cartier. Il n'est pas encore question d'inviter les opposants à s'exprimer, encore moins à contre-interroger l'Hydro. Mais une enquête discrète va amener Robert Bourassa à faire volte-face.

Le gouvernement, en effet, découvre avec stupeur que les contestataires ne sont pas une poignée de docteurs Cosinus, d'excentriques ou de néo-felquistes, mais qu'on y trouve des universitaires distingués, des fonctionnaires, des vedettes. Soixante associations forestières, sociétés zoologiques, conseils de loisirs, la faculté des Sciences de Laval, les écologistes de l'Université du Québec, les fédérations sportives, le Conseil du Travail s'opposent à l'Hydro et demandent à témoigner. A la mi-mai, donc, les députés recevront les protestataires à la commission du Tourisme.

Déjà, quinze jours plus tôt, l'Hydro s'est mal défendue et n'a guère convaincu.

La publication non autorisée du rapport enthousiaste de l'ingénieur Denis l'a mise sur la défensive: il y est écrit qu'il serait regrettable de gaspiller un site à grand potentiel comme le Cap Tourmente pour une expérience pilote, et que la Jacques-Cartier présente l'avantage de réunir en un seul lieu la centrale-pilote et les futures centrales de grande puissance.

Le député de Saguenay, Lucien Lessard, fait avouer à l'Hydro qu'elle a besoin, pour 1979, de 2 500 000 kilowatts et non pas d'un million, et que l'aménagement pour ce pauvre million d'une rivière qui peut en produire plus du double serait un gaspillage inacceptable. A moins, bien sûr, qu'on n'ait l'intention inavouée de multiplier les centrales, ce que l'Hydro nie obstinément.

Aux séances du 17 mai, ce fut le carnage.

Gabriel Loubier eut l'astuce de faire témoigner un haut fonctionnaire fort respecté, le Dr Guy Lemieux, de l'Office de planification et de développement, ancien responsable du service des Parcs, ainsi que de l'ARDA. Le Dr Lemieux s'employa à démontrer que l'inondation du fond de la vallée en détruisait la seule partie valable et utile, n'y laissant que d'abruptes falaises, et créant un lac dans une région où il en existe déjà des milliers.

Dans son mémoire, le Comité de Conservation de la Jacques-Cartier prétendit ensuite que l'Hydro voulait "mettre le pied dans la porte" et que le projet de parc n'était que poudre aux yeux, puisque l'aménagement ultérieur d'autres centrales provoquerait des variations de niveau hebdomadaires de huit pieds, et même de 22 pieds, le jour où la puissance serait portée à 10 millions de kW, à la fin du siècle!

On eut beau jeu de ridiculiser le projet de parc: quatre des sites de camping seraient situés sur des hauts plateaux où l'on ne compte que 60 jours sans gel et où il pleut deux fois plus souvent qu'à Québec, deux autres se trouveraient dans des tourbières humides, le reste étant à peu près inaccessible! La rampe de lancement d'embarcations de plaisance mesurerait 1 500 pieds de longueur sur une pente à 45 degrés. Quant au bateau-mouche, des nuages de moustiques lui feraient porter son nom... Et quel idiot ferait du canoë sur un lac?

Jean Bédard s'inquiéta également de l'effet qu'aurait sur la qualité d'eaux dites récréatives le turbinage, deux fois par jour, d'un volume pouvant varier de 10 000 à 50 000 pieds cubes par seconde.

En minimisant la portée de son projet, et en tentant de le "vendre" au moyen d'une prime plutôt qu'en en faisant valoir tous les avantages, l'Hydro se "peinturait dans un coin"; elle s'imposait de maintenir ses affirmations et d'admettre qu'elle ruinait un site remarquable pour une bien faible production d'énergie, ou alors elle changeait son fusil d'épaule mais admettait en même temps qu'elle avait tenté de manipuler non seulement le public mais aussi la législature et le gouvernement.

Mais l'Hydro n'était pas seule prise au piège. Robert Bourassa se voyait obligé de trancher la question: appuyer l'Hydro contre plusieurs de ses ministres, contre une opinion publique indignée qui reprochait à la société d'Etat de "polluer Québec pour fournir de l'énergie à Montréal" et d'avoir mené une "campagne de cocktails digne de l'entreprise privée"; ou confirmer son expulsion au risque de priver la région d'un millier d'emplois, d'irriter les commerçants locaux, d'imposer des charges financières supplémentaires aux consommateurs d'électricité.

"C'est un problème hautement technique, m'expliquait-il, un problème de chiffres. Il y a bien des facteurs techniques à prendre en considération." Ce qui était une façon comme une autre de ne pas avouer que le problème était avant tout un problème politique.

Tout le monde, en effet, Hydro, gouvernement,

conservationnistes, voyait clairement l'enchaînement inéluctable dont la Jacques-Cartier ne serait que le premier maillon. Céder une fois, sur la question des espaces verts, c'était céder de nouveau demain. A l'Hydro, on est conscient qu'on ne fera "plus jamais d'aménagement sans avoir ce type de difficultés". Comme me le disait un des cadres supérieurs de cette entreprise: "Je ne fais plus de l'électricité, je fais de l'écologie!" Et certains de ses confrères ne se gênaient pas pour forcer la main du premier ministre en insinuant que si la verdure est bonne pour les Québécois, elle est peut-être bonne pour les Indiens de la Baie de James et qu'il vaudrait mieux se décider avant que le juge Albert Malouf ne prenne une décision!

Le député de Saguenay, Lucien Lessard, résumait extrêmement bien le dilemme: "Si le petit groupe populaire qui a engagé une bataille aujourd'hui la perd, je pense que beaucoup d'autres batailles seront perdues dans l'avenir. Pensons, par exemple, à la construction, prochaine, d'un port de mer à l'île Verte."

Et si la Baie de James, c'était Bourassa, le port pétrolier — en admettant qu'il ne s'agisse pas d'un baratin électoral — c'était Guy Saint-Pierre, autre "puissance économique" au sein du cabinet. Tout le monde, en fait, plaidait avec "quelque chose derrière la tête". Les conservationnistes, par exemple, ont réclamé par la même occasion la préparation d'une loi-cadre des parcs, et exigé qu'on y fasse appliquer la règle d'inviolabilité.

On semble défendre à Québec ce que les Américains, parlant de l'Indochine, appelaient la "théorie des dominos": céder à propos de la rivière Jacques-Cartier, donner raison à la nouvelle conscience écologique, c'est lui donner du souffle, et préparer des batailles futures avec les compagnies de papier sur la "loi des trois chaînes", qui interdit toute coupe à moins de 200 pieds d'un cours d'eau, avec l'industrie minière, avec les spéculateurs qui transforment les rares terres agricoles du Québec en océans de bungalows. Donner un parc aux Québécois, c'est s'obliger d'en donner un aux Montréalais et s'imposer de sauver les rives et les îles du Saint-Laurent. Chasser les autos des Laurentides, c'est tôt ou tard leur interdire le centre des villes et se donner une politique de transports publics.

Mais surtout, penser aménagement — en commençant par la Jacques-Cartier, c'est s'imposer une politique, pour prendre les décisions à partir de principes généraux plutôt qu'à la pièce. Actuellement, le cabinet ressemble à un théâtre grec où les ministres "écologiques" et les ministres "non-écologiques" s'opposent au gré de leurs intérêts pendant que règne le "destin", sous les traits d'un progrès "qu'on n'arrête pas"... A ce jeu-là, les plus forts l'emportent, et le ministre de l'Environnement ne sera jamais qu'une pleureuse.

L'écologie et la conservation, en effet, ne peuvent pas être des passions du dimanche ou n'animer qu'une moitié de gouvernement. En voici un exemple particulièrement bête.

A l'été de 1971, à la demande de citoyens qui se plaignaient des émanations pestilentielles qui s'en élevaient, le ministère de l'Agriculture décida de nettoyer la rivière des Hurons dans le comté de Rouville. Dans les pins et les chênes qui la bordaient ne se cachait nul Huron, mais quantité de hérons de toutes espèces qui lui ont d'ailleurs donné son nom. Il s'agissait d'une rivière à méandres, lente, que polluaient les déchets de l'abattoir Quebec Poultry, producteur des "poulets bien élevés". Hélas! avant de venir chanter dans votre salon, ces malheureux volatiles laissaient leurs plumes aux Hurons. Il y a quelques années, j'ai pu voir sur cette rivière des embâcles de duvet et d'entrailles, et des corneilles traverser à gué sur une croûte de graisse, ce qui est invraisemblable mais vrai. On aurait pu intervenir à peu de frais en baignant le propriétaire de l'abattoir dans son consommé, mais on préféra les voies officielles. Le ministère de l'Agriculture fit donc creuser et redresser la malheureuse rivière jusqu'à son embouchure, dans le Lac de Chambly, sur une distance de dix milles, après avoir rasé les arbres des rives pour permettre l'accès des bulldozers et des pelles. Aux portes de Montréal, dans une région en voie de remplacer ses vergers par des terrains de camping, il reste un canal rectiligne et gluant, profond de trente pieds, et bordé de levées de glaise hautes de vingt.

Il ne s'agit pas d'un cas isolé: le ministère de l'Agriculture redresse chaque année, en moyenne, 1 200 milles de cours d'eau dits municipaux, c'est-à-dire non navigables et non flottables. 1 200 milles: la longueur du Saint-Laurent! Il s'agit d'un plan quinquennal de 8 000 milles, au coût de 17 millions de dollars, source de profits considérables pour les notables campagnards propriétaires de bulldozers.

Même dans le domaine de la destruction, par bonheur, la planification fait défaut: un matin de l'été 1971, sur les bords d'un ruisseau qui se jette dans le lac Mégantic, les spécialistes du service de l'Hydraulique agricole, venus "améliorer" le malheureux cours d'eau, y rencontrent avec ébahissement d'autres fonctionnaires des Richesses naturelles venus y faire un barrage. Ils ne sont pas revenus de leur surprise qu'arrivent des collègues du Tourisme venus ensemencer le ruisseau de truites qui ignorent tout de ce qui les attend!

Récemment, l'Office de planification et de développement a exigé de l'Hydro la liste des centaines de lots qu'elle possède en bordure de chutes ou de cours d'eau: l'Hydro venait de vendre à des Ontariens, sans consulter le gouvernement, une pointe située dans la Baie Noire, près de Carillon, et sur laquelle le ministère du Tourisme faisait des aménagements pour faciliter la multiplication des canards et outardes. Depuis 1967, l'OPD travaille d'ailleurs sur un plan général d'aménagement du territoire. Mais le plan fait, il faudra aménager, investir, froisser des susceptibilités, refréner des appétits voraces.

C'est tout cela que le premier ministre considère quand on lui parle de la Jacques-Cartier. Il sait que l'électeur moyen est plus habitué à visiter la parenté, le dimanche après-midi, qu'à admirer le charme des forêts. Ici, un arbre, par tradition, c'est un Indien derrière. Ou des moustiques. D'un lac, quand on en a abusé, on dit avec un fatalisme impuissant: il est vidé. Et pour trop d'hommes publics, un espace vert c'est un billet de banque.

Mais les choses changent et Robert Bourassa le perçoit:

"Depuis ce printemps, à tous les phone-in, à toutes mes rencontres avec le public, on me parle d'espaces verts." Quelques jours avant l'entrevue qu'il m'a accordée, il mandait à son bureau le député Gilles Houde, qui venait de déclarer qu'il aimerait mieux que ses petits-enfants, dans vingt-cinq ans, voient son nom gravé sur un bouleau que sur une plaque de bronze au pied d'un barrage. "Dis-donc, Gilles, est-ce que c'est en train de devenir aussi important que ça, les espaces verts?" Cette anecdote, rapportée par un haut fonctionnaire, décrit bien l'étonnement d'un homme de chiffres pour qui "la ville de Québec toute entière est un véritable parc". Il me dira néanmoins: "Le monde m'a fait une réputation de machine à additionner, il est peut-être temps que je prouve le contraire." Le problème reste pour lui, cependant, un problème de coût. Il est prêt à payer pour des aménagements récréatifs et la conservation de certains territoires, mais pas n'importe quel prix: "Je dois revoir Giroux ce soir, je vais demander des chiffres. Ce n'est pas un calcul facile."

Le calcul est d'autant plus difficile qu'on n'a pas encore trouvé le moyen d'évaluer une donnée comme la *qualité* de la vie. Le calcul du produit national brut ne tient pas compte du bonheur des gens, ni du coût social de certaines décisions. Ainsi, il peut sembler économique de fermer une école dans un quartier, mais les répercussions sociales peuvent être onéreuses. Certains gouvernements cherchent aujourd'hui les moyens de comparer non plus le coût de deux barrages, mais le coût de deux utilisations différentes (barrage *ou* parc) d'une même ressource. Cet hiver, le gouvernement américain s'est doté d'une agence d'évaluation des opérations technologiques.

Au lendemain des séances de la Commission parlementaire, tout le monde était pessimiste: les conservationnistes, pour qui la Commission n'était qu'une formalité et le paravent d'une décision déjà prise: "Ce que l'Hydro veut, la nature le veut!" L'Hydro aussi, qui craignait que le gouvernement ne veuille la "casser" pour se donner "une image de force" à ses frais.

En fait, rien n'était joué. Le premier ministre jonglait avec les chiffres et les sondages. Le 6 juin, au sortir d'un Conseil des ministres, celui du Tourisme, Claude Simard, se précipite au téléphone et dit à un de ses fonctionnaires: "C'est fait, Christ! On sort l'Hydro. Robert l'annonce demain." Or, le lendemain, rien. Les Simard, Goldbloom, Cournoyer, Mailloux, avaient convaincu leurs confrères ministres de sauver la Jacques-Cartier, mais c'était le caucus des députés qui résistait sous la pression des commerçants et des entrepreneurs locaux.

Ce genre d'impasse n'est pas de nature à relever le niveau des discussions. Comme le disait le président Rolland Giroux, à la Commission parlementaire: "Dans cette nouvelle préoccupation de l'environnement, la tâche la plus ardue sera probablement de combattre la démagogie et la sentimentalité..." Or, en ce domaine, tout le monde habite une maison de verre. Les défenseurs de la Jacques-Cartier faisaient de la démagogie en accusant l'Hydro-Québec d'avoir "gaspillé" deux millions de dollars en recherches "inutiles" au Cap Tourmente, ou en laissant entendre que l'Hydro s'apprêtait à aménager sept centrales de 25 millions de kW: la puissance totale du réseau actuel ne permettrait pas de pomper même le tiers de l'eau nécessaire à produire de telles quantités d'énergie.

Mais les porte-parole de l'Hydro pratiquaient le même genre d'arguments en décrivant la Jacques-Cartier comme "une rivière dangereuse, une mangeuse d'hommes qui se perd en écumes et en tourbillons, qui n'est accessible qu'en hélicoptère", et qui sera transformée en charmant lac! Démagogie aussi de faire miroiter la possibilité d'élever dans le réservoir ce poisson fragile et capricieux qu'est la *ouananiche* et dont le seul nom fait battre le coeur des pêcheurs qui n'en ont pourtant jamais vu. Et que dire des insinuations selon lesquelles les membres du Comité de conservation sont à la solde des pétroliers ou qu'ils seront candidats du Parti québécois aux prochaines élections?

Le président Giroux ira même jusqu'à raconter, pour

prouver sa bonne foi et son respect de l'environnement, qu'il "prit chez lui à Val-Morin deux poteaux qui auraient techniquement dû se trouver chez ses voisins"! Bien des gens, d'ailleurs, députés, fonctionnaires, hommes d'affaires, évoquent leur "chalet dans le nord" pour attester leur amour de la nature, ce qui ne nous apprend pas grand-chose, sinon que les gens à l'aise savent se mettre à l'abri de la pollution et ont les moyens de le faire, ce qu'on savait déjà. On a l'astuce d'opposer aux conservationnistes, ces "riches bourgeois", les intérêts des prolétaires qui préféreraient, eux, le travail et le pain aux fleurs et aux grenouilles.

Or, la pollution est un problème de classe. On respire d'autant plus d'oxyde de carbone, d'anhydride sulfureux et de poussière, on a d'autant moins d'espace, de parc et de loisirs, qu'on est plus pauvre et plus bas dans l'échelle sociale.

Qui pollue? Qui agresse le milieu? "Un arbre, disait Phil Gaglardi, ministre de W.A.C. Bennet, Colombie-britannique, ce n'est pas un poème, pas de la verdure, pas de la beauté; c'est des pieds de planche, et pas de la planche pour faire des maisons, mais pour faire de l'argent. Si Dieu l'a planté, c'est pas pour qu'on l'admire, c'est pour qu'on le coupe!" Une loi qui imposerait à tous les administrateurs d'entreprises assez considérables pour influer sur le milieu, d'habiter à moins d'un quart de mille de leur entreprise, ferait davantage pour la préservation de ce milieu que toutes les conférences, les campagnes et les festivals imaginables. Et pour pas cher.

La propagande technologique veut que l'on traite de réactionnaires nostalgiques les citoyens qui cherchent de l'air pur et des arbres. Le progrès se situerait toujours du côté du béton, du verre et des casiers climatisés. Or, c'est le contraire, Les progressistes sont ceux qui cherchent de nouvelles façons d'améliorer la vie. C'est le traditionnalisme et la réaction qui sont incapables d'imaginer autre chose que le statu quo. La vraie croissance, c'est la rupture de la routine.

"Si on n'a pas de décision à l'automne, affirme l'Hydro, on va ailleurs. Et il n'est pas question de manquer d'électricité en 1979: on est là pour en produire. La différence c'est que ce sera un peu plus serré, techniquement et économiquement."

Ailleurs, cela signifie que l'Hydro-Québec pourrait, pour 1979, installer une douzaine de turbo-réacteurs attelés à des génératrices de quelques centaines de mégawatts. Cela lui permettrait de combler le retard d'un ou deux ans provoqué par l'obligation d'aller reprendre des études préliminaires sur la rivière Sainte-Anne-du-Nord ou au Cap Tourmente. Il est possible également qu'on se contente, pour passer à travers ces deux années creuses, d'ajouter quelques turbines aux centrales de Grand-Mère et de Shawinigan. Ou pour éviter au gouvernement d'avoir l'air de céder, qu'on se découvre de nouveaux besoins de puissance "de base".

Le problème, toutefois, n'est que reporté à plus tard. "L'Hydro, m'expliquait Jacques Genest, n'abandonne jamais un projet. Elle le met sur la tablette. La Baie James n'était pas rentable il y a dix ans: elle l'est aujourd'hui. L'Ungava ne l'est pas encore, mais le sera un jour, comme la basse Côte Nord, à Moisie ou à Mécatina."*

L'Hydro, en effet, vend 14 millions de kW aujourd'hui. Elle en vendra 35 millions dans douze ans, 75 millions à la fin

---

* Les rumeurs, à l'automne 1976, selon lesquelles les Québécois allaient souffrir d'une pénurie d'électricité annoncent vraisemblablement une nouvelle offensive de l'Hydro en ce qui concerne la Jacques-Cartier.

du siècle. On a récemment contesté ces prévisions, mais il faut dire que les projections faites depuis vingt ans se sont toujours avérées justes.

"Nous répondons aujourd'hui aux demandes provoquées par le boom nataliste des années cinquante, explique M. Joseph Bourbeau, directeur de la planification. Et nos clients consomment chacun beaucoup plus d'électricité qu'il y a dix ans. Les appareils couleurs et les réfrigérateurs sans givre consomment trois fois plus de courant que les anciens modèles. Le nombre des appareils électriques augmente sans cesse. Il y en a près de quatre cents sur le marché."

Certains de ces problèmes portent en eux leur propre solution: ainsi, l'an dernier, un manufacturier américain mettait sur le marché un appareil électrique pour les douches vaginales. Deux mois plus tard, *Consumers Report* révélait que le gadget était une véritable machine à électrocuter! Malheureusement, on ne branche pas sur le réseau que des brosses à dents et des pendules électriques.

"Chaque année, ajoute M. Bourbeau, il y a substitution de l'électricité au pétrole ou au gaz pour les systèmes de chauffage, les chauffe-eau ou les fours industriels à cause de l'augmentation des coûts des autres formes d'énergie."

Il est évident que la consommation ne pourra pas continuer à doubler indéfiniment tous les neuf ans, et qu'il n'existe pas de réponse technique à ce problème. "Il n'y aura pas de solution tant que nous ne serons pas parvenus à sortir de la course à la croissance dans laquelle nous sommes engagés depuis un siècle." L'auteur de cette déclaration, c'est Charles Luce, président de la Consolidated Edison, le plus grand distributeur d'électricité en Amérique.

Il y a donc des questions à poser, un choix à faire. Où

faut-il exploiter le milieu, où faut-il le préserver? Personne n'a
à choisir entre le pain et l'environnement. Le respect de
l'environnement — la Hollande en est la preuve — peut
donner davantage de travail qu'un développement incontrôlé.
Il existe un primitivisme agricole et naturiste, mais il faut
savoir discerner aussi les dangers d'un certain primitivisme
industriel. On ne vit pas que d'eau claire et de sentiment de la
nature, mais on ne peut non plus s'encrotter jusqu'aux oreilles
en disant que l'argent n'a pas d'odeur. Le caca n'est pas une
retombée économique.

"L'affaire de la Jacques-Cartier, expliquait le député libéral
Gilles Houde, a déjà eu des conséquences fort positives. Elle a
provoqué un réveil brutal de la population, du gouvernement,
des députés, de l'opposition et des administrateurs sur la
question des espaces verts et des loisirs.

"Elle nous a permis, par exemple, de voir la différence entre
un parc naturel et un parc d'amusement, entre un espace vert
et un cinéparc ou un miniputt. Elle nous a appris qu'il existe
des disciplines inconnues il y a dix ans, comme la récréologie
ou l'écologie."

La crise de la Jacques-Cartier est le type même du genre
d'affrontements qui vont se multiplier au cours des prochaines
années et qui permettront aux Québécois de décider s'ils
veulent devenir le "parc industriel" de la Nouvelle-Angleterre
ou s'ils veulent tout mettre en oeuvre pour éviter que leur
province devienne un taudis. Un taudis, c'est une propriété
fort lucrative, mais pas pour ceux qui l'habitent.

ALLONS Z'ENFANTS!
ou le fédéralisme martiniquais...

(*Le Maclean*, mai 1973)

D'une fois à l'autre, je ne m'habitue pas à la surprise d'atterrir, au coeur de l'hiver, dans les nuits molles des tropiques, avec leur odeur de serre chaude et de terre fraîchement remuée. Cette fois s'y mêlent des bouffées sucrées de sirop de canne qui bout.

Au plafond de l'aéroport de Fort-de-France, un lézard rose presque transparent se déplace mystérieusement, sans mouvements apparents, par à-coups saccadés.

Je cherche à la Martinique le soleil, l'eau verte, le sable fauve, l'oxygène, dont on oublie le goût dans l'atmosphère de gaz moutarde de Montréal, et un ciel pur (ah! ces armadas d'étoiles nouvelles.) J'y trouverai aussi quinze jours de carnaval et les élections. Des élections françaises. Car la Martinique, officiellement, c'est la France: une France chocolat, à quatre heures de Montréal, avec des mairies qui affichent la liberté, l'égalité et la fraternité, avec gendarmes, cafés, bonne cuisine et une façon toute simple de compliquer les choses.

La route suit les anses, les mornes, les échancrures d'une Gaspésie que le soleil aurait aimée. Un mystère: l'absence d'oiseaux de mer; ici, ce sont les crabes qui vidangent les plages. Un village de mille habitants: l'école, l'église, le cimetière, une rue principale où les pêcheurs échouent sous les cocotiers leurs gommiers, lourds canots de bois à étrave

plate. Quinze cafés dont le moindre écoule chaque semaine
soixante grosses bouteilles de rhum agricole blanc, sans
caramel, ni colorant, à cinquante-cinq degrés! Les jeunes gens
étudient à l'extérieur: on voit surtout des adultes, des vieux,
et des essaims d'enfants.

La journée commence à cinq heures. La grève est encore
dans l'obscurité; les pêcheurs installent les hors-bords sur les
gommiers, ainsi nommés d'après l'arbre avec lequel on les fait.
Depuis longtemps, la Martinique n'a plus de bois. On achète
les bateaux à la Dominique ou à Sainte-Lucie dont les trois
volcans se profilent dans le petit jour. Ces îles sont anglaises,
on y a sans doute le culte des arbres. Un gommier coûte cinq
cents dollars, l'Evinrude 35 h.p. près du double. L'embarcation
dure vingt ans, le moteur trois ou quatre. On tente de le
payer avant qu'il ne flanche. Les canots sont peints vert et
flamme, aux couleurs exactes du petit piment qui décore et
réchauffe toute la cuisine antillaise. Le nom des embarcations
révèle le coureur, le comique, le philosophe ou l'adventiste:
*Toto et Denise, Patience, Méfiez-vous des malparlants,
Tibériade, Dieu de Noé...*

On emporte deux mâts de bambou en cas d'accalmie, une
senne, des lignes de fond, et des casiers en osier ou en treillis
à poules. La rentrée s'échelonnera de midi à trois heures. Les
pêcheurs iront, en attendant le coucher du soleil, gratouiller
leur lopin de terre, un demi-arpent de racines biscornues,
d'ignames et de bananiers entre lesquels erre parfois une
chèvre étique ou une triste vache brahma au pis impubère.

Le soir, la soupe de poisson rappelle un aquarium tropical,
plein de bizarres poissons de toutes les couleurs et de toutes
les formes. On apprend rapidement que les meilleurs sont
toujours rouges. Ce sont des poissons de fond, herbivores,

qu'on se contente d'échauder dans un bouillon au citron et
à l'oignon. Les poissons noirs sont des carnivores, moins
tendres, moins savoureux. Les grands carnassiers, thons,
requins, espadons, sont envoyés à Fort-de-France. Il n'y a pas
de réfrigération. La glace, c'est pour les thoniers étrangers,
bretons, japonais ou coréens, qui croisent au large et envers
lesquels les Martiniquais éprouvent les mêmes sentiments que
les Gaspésiens envers ceux de la Canada Packers.

A neuf heures, on ferme les demi-persiennes des cafés. Il
fait noir depuis longtemps. Aux tropiques, le soleil fait du six
à six: il meurt comme il est né, brusquement, sans crépuscule.
On est loin des brunantes qui s'étirent passé dix heures et des
orgies de lumière mauve, à trois heures du matin, au-dessus
de Sainte-Anne-des-Monts et d'Anticosti. A neuf heures, les
cafés se vident et tout s'endort, sauf les soirs de carnaval ou
de politique.

Le carnaval, comme les trois semaines de fête patronale,
c'est un cocktail de bals, de concours, de courses de voiliers
ou de "cochon graissé"... Les dimanches soirs, les hommes
jouent aux dés inlassablement, pendant que les femmes et les
enfants tournent sur un carrousel multicolore où les baleines
et les Boeing alternent avec des chevaux centenaires taillés
d'un ciseau naïf dans une bille d'acajou.

Les jeunes se déguisent en cowboys, influence des films
présentés à la salle communale. Les adultes descendent des
collines, guindés dans des costumes de serge noire, avec des
chemises blanches, des cravates sombres et des chapeaux de
velours noir qui leur donnent l'air de ministres de la IIIe
République. Ou une sortie de grand-messe à Kamouraska en
1937. Le lendemain, mercredi des Cendres, tout le monde
sera en deuil, visage enfariné pour qu'on ne voie pas les

larmes, car c'est l'enterrement de Vaval...

On veille aussi les soirs de campagne électorale. Il n'y a guère moyen de faire autrement. Les éclats métalliques des haut-parleurs cisaillent la nuit. Un jour, c'est le candidat gaulliste, au balcon d'un café, le lendemain le maître d'école socialiste, sur la place du marché. De ma chambre d'hôtel, j'entends les discours sur l'indépendance, ceux même qu'on fait au Québec depuis cinq ans.

L'éloquence est créditiste, l'imagerie tarabiscotée. Non seulement les pratiques électorales, dont je parlerai plus loin, semblent venir d'un magasin de surplus de guerre québécois, mais les thèmes sont familiers: la Martinique apparaît dans la nuit comme un Québec subitement ratatiné aux dimensions des îles de Montréal et Jésus réunies, avec tous les problèmes à portée d'index.

Le candidat de la majorité gaullo-pompidouiste est député depuis 25 ans. Il a été de tous les partis, il est au pouvoir. Il passera encore aisément, au premier tour. Il est ancien combattant, Compagnon de la Libération, et évoque en trémolisant l'héroïque participation des Noirs antillais à la bataille de Bazeilles, dans les Ardennes, en 1870. C'est leur guerre des Boers!

Le lendemain, à Fort-de-France, c'est Aimé Césaire qui parle, maire et grand poète, l'ami de Léopold Sedar Senghor. Il est député lui aussi depuis 25 ans, et leader du parti progressiste martiniquais. Dans l'île, les socialistes et les communistes se sont séparés des partis métropolitains.

Sous les palmiers royaux de la place de l'hôtel de ville, il s'adresse à une foule sillonnée par les distributeurs de tracts, des groupuscules, comme on dit ici "particules". Il propose à ses électeurs d'être "maîtres chez eux". Il réclame pour les

Martiniquais l'autonomie administrative, une sorte de statut particulier. Car la Martinique et la Guadeloupe, comme le veut une amusante fiction politique, sont des départements français au même titre que le Finistère ou la Savoie, c'est-à-dire dépourvus de tout pouvoir et dirigés de Paris.

Le visiteur naïf se demande pourquoi, si la Martinique est un département français, la Peugeot 304 s'y vend 500 dollars de plus qu'à Montréal, pourquoi il faut montrer passeport pour passer d'un département insulaire à l'autre, pourquoi les Français que sont les Antillais doivent présenter leur passeport à Orly, pourquoi les billets de banque utilisés aux Antilles ne sont pas valables en France, pourquoi les produits antillais ne sont pas acceptables dans le Marché commun, pourquoi la culture de la vigne est interdite, pourquoi le raffinage du sucre est un privilège métropolitain (on ne fait aux îles que de la cassonade et du sucre brun), pourquoi la viande, la volaille, les oeufs, sont importés de France!

A de Gaulle, qui voyait les Antillais comme "des Français à part entière", Césaire répond: "Nous sommes des Français entièrement à part!" Il évoque l'exemple de la Barbade voisine, autonome depuis dix ans, qui a mécanisé ses plantations de canne, augmenté la production, recyclé ses chômeurs et qui exporte des tomates dans cette Martinique dont le quart de la population totale, la moitié de la population active, est en chômage.

"Nous sommes installés dans le déficit commercial. Nous ne produisons plus rien et nous consommons chaque jour davantage. Nous sommes un marché captif pour la métropole. Chers camarades, nos jeunes n'ont rien d'autre à faire que de s'exiler pour la métropole, au rythme de six mille chaque année. C'est la traite à l'envers."

Les 25 000 tonnes de sucre martiniquais ne sont guère
qu'une cuillerée, qu'un grain dans les 75 millions de tonnes
du sucrier mondial. Les betteraviers normands ou bordelais
achètent non pas les plantations antillaises, mais les quotas
des planteurs. Il ne reste que six usines sur les douze de 1960.
Les terres sont consacrées à la banane, qui pousse sans main-
d'oeuvre. On n'a plus à chercher les coupeurs qui doivent,
accompagnés de leur "amarreuse", faire chaque jour 20 piles
de 25 paquets de dix cannes. Les jachères sont traversées par
des chemins de fer inutilisables: j'en ai traversé trois à pied,
aucun n'avait le même écartement!

Césaire incite ses électeurs à "résister à la panique" que
sèment ses adversaires, prétend-il. L'autonomie qu'il réclame,
assure-t-il, est "inévitable". Et cette évolution n'est que
"logique". On pense à René Lévesque qui parle de la grande
peur, de l'indépendance inéluctable et du pays "normal".

Pourtant, Césaire serait plutôt une sorte de Daniel
Johnson qui réclame l'autonomie culturelle et économique,
sans entamer l'unité de la nation française: une sorte de
statut particulier.

Le pouvoir répond que l'autonomie, c'est l'indépendance
camouflée, c'est-à-dire un désastre économique, social et
culturel, et qu'il y a "moins de risques à rester avec un pays
sur lequel on a des droits que de se fier à la générosité des
nations étrangères". La France vend à la Martinique pour 100
millions de dollars par an, achète pour 60, en verse 50 en
subventions, moins que ce que le gouvernement québécois
verse à la Gaspésie. La différence de 10 millions de dollars,
c'est l'enrichissement des élites locales, blancs ou mulâtres.
On évoque aussi la grande famine de 1940 à 1953, sans dire

que le commerce extérieur normal avec d'autres pays était interdit.

Le lendemain, sur la plage, un vieil homme noir tresse patiemment, en s'aidant des orteils, une nasse à murènes et à homards, en lanières de bambou, "presque aussi bien faite qu'à la machine", comme disait une dame du Salon des métiers d'art. Il a également un chapeau de paille ancien et un grand panier d'osier. C'est rare. Partout la vannerie et la poterie sont remplacées par le bête et inerte plastique, couleur de sucettes bon marché, le même plastique qui jonche les plages, véritables musées du gadget, avec leurs bidons de Vittel, pots de yaourt, vieux pneus, ballons crevés, couches Babylange et piles Wonder "qui ne s'usent que si l'on s'en sert..."

Le vieil homme tresse patiemment son casier. Il a été marin, il a un peu voyagé. Il s'étonne de savoir qu'il ne pousse pas de canne au Canada "dont une partie appartient à la France", mais s'émerveille d'apprendre qu'au printemps, par de petits trous percés dans un certain arbre s'écoule une sève comparable au jus de canne, mais qui ne donne pas de rhum. "Il faut voter contre Césaire." Sa pension de marin vient de France: avec l'autonomie, sait-on jamais? Quand à l'avenir, "z'affé z'enfants pas z'affé moué". Et qui est cet homme qui veut lui vendre, avec la dignité, du travail, mot mal vu dans un pays où l'on a appris des anciens planteurs à ne jamais faire soi-même ce que l'on peut faire faire par un autre, et où on ne travaille en moyenne que cent jours par an!

Qui a raison? Ce que j'ignore du pays, de ses problèmes, ce n'est pas *France-Antilles*, l'unique quotidien antillais, qui va me l'apprendre. C'est un "gros" journal de huit pages, entièrement dévoué aux intérêts en place, qui ne délaisse les

chiens écrasés et le sport que pour chanter la vérité révélée.
Ce n'est pas non plus la télévision ortéfienne, made in France.
Il y a beaucoup d'antennes, mais on ne la regarde guère. Les
maisons sont minuscules, et on vit dans la rue.

Je me demande comment on se sent, quand on ne se voit
jamais dans les média modernes, quand on a la peau noire, et
qu'on ne voit toujours que de la télé blanche, des films blancs,
de la publicité blanche, des feuilletons blancs, des reportages
blancs sur du monde blanc. A la télévision ortéfienne, les
Martiniquais ne sont jamais que des accidentés de la route ou
des victimes de la mer.

Et comment se sent-on quand on n'entend jamais la voix
"des gens de son pays"? Quand la télévision parle toujours
parisien dans un pays qui, lui, parle créole? Imaginons une
télévision québécoise uniquement peuplée de Forsythe, de
Saintes Chéries, ou de reportages sur l'industrialisation de la
Camargue, ou plus loufoque encore, un écran québécois
occupé par les importations africaines!

A l'heure des nouvelles locales apparaissent quelques
visages martiniquais, pudiquement choisis dans le pâle, avec
un accent emprunté. La radio est pareille: à la Martinique,
tous les députés ont été élus au premier tour, mais la radio a
continué imperturbablement à diffuser les discours de
candidats en ballottage dans des circonscriptions marseillaises
ou lorraines! Dans les voitures, dans les "taxis-pays", on
écoute la puissante Radio-Caribbean, en anglais, mieux reçue,
plus moderne, moins parleuse, adaptée à la réalité antillaise,
qui diffuse du calypso, du rock, les messages des évangélistes
et des adventistes. Très Black Power aussi. On imagine les
ravages que ferait une puissante télévision noire, en provenance
des îles anglaises. Mais les Français ont prévu le coup avec

leur télévision à 819 lignes qui fait de ses clients des prisonniers audio-visuels.

On voudrait résorber le créole comme on a réduit le breton, le basque, l'occitan. A la Martinique, toutefois, le français ne sert qu'à faire l'école, les discours, et à parler aux étrangers ou aux gendarmes (importés de Saint-Tropez). Les pêcheurs du petit matin, les buveurs des cafés, les commères du marché, c'est en créole qu'ils s'expriment; partout, on n'entend que les sons gutturaux et hachés de cette vieille langue que l'on parle non seulement à la Martinique et à la Guadeloupe, mais encore dans certains coins d'îles anglaises comme Sainte-Lucie ou la Dominique.

C'est une langue qu'on n'apprend pas aisément: le touriste francophone, qui n'en a guère besoin, ne fait pas d'efforts. D'autant plus que c'est une langue déroutante, avec une logique qui n'est pas la nôtre. Inutile de tendre l'oreille, le français ne se laisse pas deviner dessous pour la bonne raison qu'il n'est pas dessous. Il est dessus. Une apparence. Les Anglais ne comprennent pas le "chiac", même plein de mots anglais, parce que ce n'est pas de l'anglais. De même, nous ne comprenons pas le créole, même cousu de mots qui furent français. Ce n'est pas du mauvais français, c'est une autre langue.

Première leçon: si "moué pas ka" peut se rendre par notre "chu pas apab", par quelle virevolte syntaxique rendre ce qui sert en créole de pronom "en"? Vous voulez des tomates? "Tamates, lé'i ou pas lé'i"? Si vous en mangez trop, vous serez "châ'gé con an sac cha'bon", survivance du temps où l'on chargeait le charbon à la maison dans des sacs de deux quintaux sur les quais de Foyal (Fort-Royal, Fort-de-France depuis 1789). Si vous avez plutôt trop bu, vous serez "châ'gé con an pié ci'ise".

A la deuxième leçon, on apprend à dire: comment allez-vous. "Ça ou fé?" Littéralement, ça va, ou y a-t-il du fer? Selon la région, on peut répondre: "Moué bien" tout bonnement, ou "Moué qu'am débatt' ". Ou si ça va très mal: "Man qu'a p'end fé, cé jou'ta la", c'est-à-dire: je prends du fer ces jours-ci.

Le fer. Il faut avoir été enchaîné, marqué au fer rouge comme bétail, avoir heurté de toute sa chair l'Occident et son âge du fer pour identifier à ce métal tout ce qu'il peut y avoir de mauvais dans l'univers.

Mais à la télévision, ou à l'école, on ne dit jamais un zabitant, un zoiseau, un zognon. Sans moyen de communication, sans école qui parlent leur langue, les Martiniquais sont ce que seraient les Québécois s'ils étaient ce que leurs conquérants auraient aimé qu'ils fussent: des Anglais qui auraient un travail anglais, des patates anglaises, mais qui bizarrement endormiraient les enfants et diraient le chapelet en français.

Racisme? Pas clairement, pas nettement. Plutôt du colonialisme ou de l'impérialisme culturel. Que signifie la couleur dans un pays où l'on peut voir, sur la scène d'un grand théâtre, un Noir bon teint chanter, malgré son profil, sa tête afro: "Avec ma gueule de métèque, de juif errant, de pâtre grec"!

Comment serait-on raciste dans une île qui fut le plus gros acheteur de bois d'ébène, où les Noirs furent rapidement une telle majorité que le roi dut interdire aux Blancs d'épouser des femmes de couleur, où l'on trouve aujourd'hui la palette complète de toutes les teintes de peau, du miel pâle à l'aubergine, en passant par le chocolat, le pain d'épices, les six variétés de cassonade, l'espresso, le tabac, la terre d'ombre, où le lisse et le mince le disputent au crépu, au lippu. Sous les strates du métissage, on perçoit souvent la peau sépia, plus mate, des coolies cingalais et les longs cheveux ondulés des femmes et même quelquefois, dans les villages du nord, insérés entre la mer rageuse et les falaises volcaniques, le nez aquilin et l'oeil tragique de tous les Amérindiens.

Le samedi matin, sous les amandiers des plages, on assiste à des déjeuners sur l'herbe de peaux blanches, à peine dorées par le soleil. On parle créole, il ne s'agit pas de visiteurs. Ce qu'il a dû falloir de chapeaux de paille, de vertus étroitement surveillées, de filles au couvent, de fils déshérités et de bâtards prêtés à une servante pour préserver trois siècles durant ces gouttes de lait au milieu d'un océan de mélasse...

Cela ne signifie pas que la couleur ne compte pas. On est très attentif à toutes les nuances. Le soleil noircit les peaux brunes, désignant ainsi au snobisme des fonctionnaires les coupeurs de canne. D'un enfant pâle, on dit qu'il est "mieux sorti" ou "né meilleur". Le pâle est préféré, comme chez nous il est bien vu d'être bronzé. Ou comme la publicité nous répète que "les blondes ont plus de plaisir". Déguisez-vous en blonds nordiques.

Cela est très apparent lors du choix de la Reine du Carnaval, Miss Martinique, première étape sur le chemin de la conquête des titres de Miss Caraïbes et de Miss Monde. Le spectacle, qui commence à dix heures le matin, ne se termine qu'à la fin de l'après-midi. Pendant que les candidates se préparent, on applaudira toutes les vedettes martiniquaises: chanteurs affublés de noms américains (comme Halliday ou Rivers), des groupes folkloriques, des comédiens comme Bouboule, une sorte de Père Gédéon noir qui raconte des histoires apparemment scatologiques dans une mixture linguistique étonnante: français avec accent martiniquais pour parler aux femmes, français pointu pour se moquer de l'école et de l'armée, créole pour les cochonneries.

Mais la salle attend le vrai spectacle, le défilé des dix candidates représentant autant de villages. On les présente en tenue antillaise traditionnelle, en tenue "de cocktail" et enfin en travesti: marquises, trucs en plumes, oiseaux de feu, grandes eaux, sirènes argentées... Aux applaudissements, aux tressaillements de la foule, on devine où vont les préférences. Les plus jolies sont carrément noires. L'une porte un daikishi orange et une coiffure afro, audace très rare, réservée à quelques jeunes gens en quête de panache. Les faveurs de la foule vont à une belle brune. Je glisse à mes amis que c'est la plus blanchoïde qui va gagner. Le jury de notables est blanchoïde, comme le baratineur de service.

J'avais raison, la blanchoïde triomphe. La salle trépigne, une moitié de plaisir, l'autre, de colère. On scande: "Elle-est-moche, elle-est-laide." On se reprendra l'an prochain. Patricia Agésilas, June Richardson, Marta Ypocrate et leurs consoeurs régneront en reines et en princesses jusqu'à la fin du carnaval, orneront les défilés, inaugureront les matches de football, les combats de coqs, les bals.

On rentre au village, s'occuper d'élections. Ces voyages en auto dans la nuit, en taxi ou avec des connaissances, ce sont des cauchemars. Les automobiles (on en compte une pour cinq habitants), pour la plupart blanches, bourdonnent sur des routes étroites, bouffent comme des barracudas des virages en épingles à cheveux et même en barbelés. C'est la roulette russe à chaque courbe.

Des yeux rubis luisent-ils dans la nuit, on fonce dessus. Si c'est un des chiens maigres et pelés qui hantent les campagnes, il saura bien s'enlever. Autrement, il n'aurait pas vécu jusque-là. Avec un peu de chance, ce sera un raton-laveur ou un "cochon palmé" (sorte d'agouti): de quoi faire une bonne potée. Le plus souvent ce n'est qu'une mangouste apeurée.

Pourquoi "garder la moyenne" dans cet îlot où on ne peut jamais aller plus loin que 40 milles? C'est la distance qu'il faut compter pour aller du sud au nord, à travers les forêts de bambous et de fougères arborescentes, hautes de 35 pieds, vers les gorges et les cascades du terrible Mont Pelé, aux flancs percés de sépultures précolombiennes, volcan que les Indiens Caraïbes vénéraient comme un dieu (et qui les a bien vengés de leur génocide en tuant en quelques secondes, le 8 mai 1902, les trente mille habitants de Saint-Pierre).

Pourquoi rouler si vite, dans un pays où le temps n'a pas d'importance? Ah! les rendez-vous martiniquais. Personne n'a de montre, ni de calendrier. On n'en a pas besoin: le soleil se lève à six heures, se couche à six heures; à mi-chemin entre les deux, on a faim. Est-ce que les sapotilles poussent l'été, ou l'hiver? L'été, me disent les pêcheurs, c'est quand on va pêcher à Miquelon. Pas avec les gommiers? Oui. Renseignements pris, miquelon est un nom commun, qui signifie loin en mer, là où on ne voit plus la terre. De l'île de Miquelon, ils n'ont jamais entendu parler: le mot leur vient peut-être de quelque contrebandier qui allait chercher à la Martinique son "miquelon" à la veille des élections québécoises d'antan.

Ces élections, elles ne semblent pas intéresser grand monde. Une sorte de rite inutile, dont on n'attend rien. Elles donnent pourtant lieu à des pratiques bizarres. Les candidats offrent des tournées: la légende veut que le candidat ait recours au quimboiseur, un sorcier-rebouteur qui fait tremper dans le punch les chaussettes du candidat pour s'assurer la fidélité de ceux qui auront bu. Le rhum est souverain, d'ailleurs: on veut m'emmener chez ce quimboiseur chercher du "foulé", mélange de rhum, de vinaigre et de jus de canne, pour soigner une vilaine entorse. Ailleurs, on assure qu'il faut fixer les boîtes de scrutin aux tables, et ancrer les tables dans le parquet de la mairie!

On n'est jamais certain du nombre réel d'électeurs. Les recenseurs sont payés au nombre de voix, ce qui provoque des abus et qui explique peut-être le faible taux de participation électorale: on ne parvient pas à faire voter tous les morts. Ne dit-on pas de l'organisateur qu'il est chargé de "l'entretien du cimetière"? Les statistiques valent d'ailleurs ce qu'elles valent, ce qui est normal dans un pays où les allocations, les pensions et les subventions comptent pour près du tiers du revenu national.

En apparence, les villages sont petits, la population clairsemée, mais il y a deux signes qui ne trompent pas: on apprend vite à deviner les minuscules maisons de bois, perdues sous le fouillis des manguiers, des arbres à pain aux feuilles en forme de main, des pruniers de Cythère. Et il y a aussi les ruisseaux d'enfants qui dévalent des collines, à la sortie de l'école, bien vêtus, en bonne santé, plus grands et plus noirs que les adultes, comme si le temps chassait les vicissitudes de l'histoire. Tout le système social est conçu pour qu'ils soient nombreux: en France, la pilule n'est pas d'usage facile, l'Etat y voit. D'ailleurs, à la Martinique, la fécondité est un honneur, du moins pour les hommes. C'est à eux que l'on verse les allocations familiales, ce qui permet à bien des hommes d'entretenir deux familles de sept ou huit enfants chacune.

Mais est-ce que l'on compte, au soleil, dans le vent tiède, où le tic-tac des pendules est remplacé par le tamdalap des biguines, sans heure, sans saisons, sans points cardinaux: on sait au moins ce qu'est la nuit. La "nuit", c'est la partie lente d'une mazurka, "puisqu'on s'enlace"!

Comme je l'écoutais dire à une jolie femme, avec l'inimitable accent alangui et chantant du Carbet, après les six nuits de danse des Jours Gras: "Ah! que j'ai eu du plaisi'... On a g'ouillé tout' la semaine..."

HISTOIRES

L'ORIGINAL
ET LA MÉTAMORPHOSE

(*Le Devoir*, 22 février 1975)

"Les Français sont des visuels, me disait Marshall MacLuhan. Ils ne peuvent pas comprendre ce dont je parle. Il faut le leur dire autrement. Faites ce que vous voudrez de mes livres."

Translation is metaphor, disait-il aussi. On peut toujours se défendre d'une métaphore, même en l'amochant un peu (ainsi, on gomme toute une symbolique en rendant *"a beat is a cat who chickened out of the rat race"* par "le beatnik, c'est un dur qui a ramolli dans l'eau bouillante"). Mais j'imagine que le client qui achète MacLuhan (ou Faulkner ou Musil) ne s'attend pas à lire du Paré (ou du Coindreau ou du Jacottet). Réécrire l'ouvrage, le simplifier, éliminer ce qui heurte, retrancher le bizarre, remplacer les citations, Dickens par Balzac, Michelet par Gibbons, Shakespeare par Racine (grands dieux!) c'est déguiser, donc tromper. On pense à ces espions qui apprennent à se vêtir, à fumer, à tenir une fourchette, à faire l'amour peut-être, comme les nés natifs du patelin où on les parachutera.

MacLuhan, donc, était prêt à voir ratisser sa savane d'idées concentriques, d'intuitions, de jeux de mots, d'approximations, d'emprunts à toutes les disciplines, en jardins versaillais. Pour entrer en France, il était prêt à troquer ses plumes pour la perruque poudrée ou le catogan, à coiffer le bérêt, à se confier à Pierre Cardin. Qu'aurait-il gagné, sinon de passer inaperçu?

Le déguisement est une tromperie. La traduction, c'est de

l'orchestration. Je devrais dire plutôt la transcription pour instrument solo d'une partition d'orchestre, puisqu'on perd toujours. Quelle que soit la langue, il faut faire entrer le plus dans le moins. J'aimerais connaître le chinois ou l'ostiak, pour vérifier si le passage se fait mieux, ou plus mal, entre deux langues totalement étrangères, qu'entre deux idiomes étroitement apparentés.

Dans le cas de l'anglais et du français, les deux langues sont parentes, soit: elles partagent le même fond celte et germanique. Le latin, deux fois, les a recouvertes, sous Jules César et à la Renaissance. Le français a conquis deux fois l'anglais, une fois militairement, une fois culturellement. Mais derrière le chassé-croisé des mots identiques, des doublets, des significations parallèles, des décalages, ce sont deux espaces-temps différents qui se croisent sans se toucher.

L'anglais a trop de mots. Il est accueillant comme une fille à soldats. Des vagues romaines, danoises, saxonnes, normandes, il a tout gardé, comme un Olduvai linguistique. A l'époque victorienne, chaque écrivain s'amusait, tel un calligraphe chinois, à inventer, à partir du fonds grec et latin, "son" nouveau synonyme. Un mot anglais est un mot utilisé une fois par un Anglais. D'ailleurs, en vertu d'une tradition huit fois centenaire, datant d'une époque "où l'on n'était pas considéré si l'on ne connaissait pas le français" (Robert de Gloucester, 1298) on dit chaque chose au moins deux fois, en Angleterre: une fois en français, pour plaire aux Plantagenet, l'autre en anglais pour s'affirmer: *my lord and master, here is my will and testament...* Pour ne rien dire des mots comme *courtyard*, résidus de bilinguisme officiel, construits sur le modèle de notre *pont-bridge*.

Empêtré dans toute cette richesse, l'anglais est devenu

intuitif, démotique, souple. Au lieu de nommer les choses, il a choisi d'évoquer les relations entre les choses. Ses handicaps, imprécision, contradictions, redondances, sont ceux de ses qualités: latitude, liberté, facilité. (Quelle ne doit pas être l'abomination de la grammaire française, et de ses conjugaisons, pour un étranger!)

L'étroite parenté de l'étymologie des deux langues (*catch* vient de chasser, *purchase* de pourchasser, *aunt* de ante devenu tante par contraction de ta ante, *wait* de guetter, *cheers* de faire bonne chère c'est-à-dire bon visage) ne doit pas tromper.

Le français, fixé par les grammairiens deux cents ans avant l'anglais, est une langue plus archaïque, qui a conservé ses conjugaisons, quelques déclinaisons, des tournures médiévales (de guerre lasse, à coeur joie, faire des gorges chaudes — terme tiré de la fauconnerie). Sa force, son tranchant, il les doit à sa concision, à sa terrible évidence. Que l'on compare le dialogue des *Rois maudits*, que la télévision nous montrait récemment, avec ses formules ramassées et musclées, et la logorrhée déhiscente du téléroman joual. Au bout du compte, les éditeurs de traduction économisent du papier: le texte français est toujours plus bref de quelques mots, de quelques lignes, de quelques pages, que l'original anglais.

Si les mots se valent, le squelette, lui, reste. Depuis que j'ai traduit quelques livres et qu'on en parle, il m'arrive d'avoir à rendre service. Je me souviens d'avoir revu, pour un médecin de mes amis, quatre textes scientifiques sur l'empoisonnement par les insecticides, traduits de l'anglais par un amateur de bonne volonté. Trois abominations, pleines de contresens, d'anglicismes, de gaucheries et une quatrième tout aussi fardée mais dont la structure syntaxique, par miracle, était à peu près correcte. On n'a pas du talent le matin pour n'en plus avoir le midi. Une intuition sûre me conduisit à la bibliothèque de la faculté de médecine: "l'original" était une version anglaise d'un ouvrage français que le traducteur improvisé avait retraduit... Même à travers deux traversées du dictionnaire, un aller-retour complet, la structure était restée à peu près intacte.

Il restait un ton, un mode, une culture. Les littératures sont nationales parce qu'elles empruntent des langues, donc des modes de formation de la pensée, différents. Elles sont également individuelles: au-delà de la culture, il y a l'auteur. Il faut rendre son génie outre celui de la langue. Sa voix. Ne pas transformer le violoncelle en hautbois, la guitare en synthétiseur: MacLuhan est contourné et vous attend toujours au tournant, Innis est fastidieux, Margaret Laurence simple et rapide, Mordecai Richler frondeur, et avec des quadratures... Les Britanniques sont plus simples que les Américains à faire parler français, les auteurs anciens plus faciles que les contemporains. Simples notes de traduction. Le contraire est quelquefois vrai.

Si l'esprit d'une langue, c'est ce qui reste intraduisible quand on a bien travaillé, je me dis que la traduction du français à l'anglais doit être plus difficile que l'inverse. Pope, Thomas Nashe (le Scarron anglais), Keats donnent du fil à retordre, mais que penser d'une langue capable d'expressions, précisément, comme ce "fil à retordre", une langue qui "jette son froc aux orties, file un mauvais coton, vit sur un grand pied, n'est pas dans son assiette, tire à brûle pourpoint, se donne les gants d'être de mèche" ou chante des femmes "jolies à croquer" (à dessiner). On pourrait continuer pendant des pages. Au fur (au prix) et à mesure. Une langue médiévale, disais-je.

C'est cet univers des images populaires, donc des clichés, des locutions, qui fait toute l'histoire d'une culture, et que l'écrivain de traduction n'arrive pas à éviter sans trahir l'original, ni à rendre sans tomber dans le loufoque. (Essayez ceci: *over the market, he had the forehead to take a bladder for a lantern*, ou dans un roman policier: *let us put him in the perfume*. C'est aussi remarquable que nos *tours du chapeau* ou les *canards boiteux* du correspondant de Radio-Canada à Ottawa, dont la traduction n'est pas *la tasse de thé*.)

Plus difficile du français à l'anglais que l'inverse, demandais-je? On ne saurait passer par-dessus Baudelaire, Larbaud, Giroux, Jacottet, Messiaen, Gide, mais les livres français semblent souvent mieux traduits en anglais que les best-sellers américains ou anglais ne le sont en français. Vous avez déjà tâté de l'Agatha Christie en français?

La traduction n'est pourtant pas la tâche principale de l'écrivain. Il traduit comme le patineur de fantaisie, ou le gymnaste, qui doivent se plier d'abord à des figures obligatoires. Mais il lit, également. Avant de proposer un texte à un éditeur, il choisit. En un sens, il écrit par procuration. Il refait les chefs-d'oeuvre qu'il regrette de ne pas avoir faits le premier.

Les auteurs, nouveaux ou oubliés, qu'il a trouvés, il lui reste à les vendre à un éditeur. L'édition française est une édition prudente, vieillie, sclérosée, chère, toujours partie à la chasse au Papillon et autres Love Machine. La même année, des éditeurs français m'ont répondu que *Duddy Kravitz* de Richler, et *Catch 22*, de Heller, étaient des livres sans intérêt. Qui a eu l'air c... quand les films ont pris l'affiche? J'ai cherché sans succès pendant onze ans un éditeur pour le

Docteur Bethune. Quand je l'ai rencontré, c'était par hasard:
Robert Davis s'était déjà presque entendu avec un autre
traducteur. Et combien d'autres livres...

Le traducteur, au fond, n'a qu'un avantage: de n'avoir
jamais à affronter la critique. Quel lecteur se donne la peine
de comparer, lorsqu'il le peut, l'original et la métamorphose?
Quel critique le fait, ou mentionne même le nom du
traducteur, ne serait-ce que pour le rosser. La traduction,
hélas! s'en ressent. L'écriture de l'écrivain de traduction n'est
pas souvent soumise au feu de l'examen. On s'en console en
se disant que la critique ne fait pas davantage son travail
envers les autres écrivains. Et qu'ici, en tout cas, leur prose
aussi s'en ressent!

LE DOCTEUR ROUGE

(*Le Maclean*, mars 1973)

C'était en 1961, au *Nouveau Journal:* mon collègue Jean-
Pierre Fournier lisait un livre intitulé: "The Scalpel, The
Sword". Le tirage était épuisé, je le lui empruntai. C'était
une tranche à la fois de l'histoire de Montréal, de celle de la
médecine, de celle aussi du principal défi du siècle, la
résistance au totalitarisme.

Je me souviens d'avoir refermé le livre surpris de trouver
enfin dans ce pays d'anti-héros un homme plus grand que

nature, qui avait osé se colleter avec le monde et l'histoire, mais irrité aussi qu'on m'ait soigneusement caché son existence pendant vingt-cinq ans et que j'aie dû l'apprendre "en anglais". Dans les collèges où l'on nous enfournait, naguère, on cultivait plus volontiers les héros du cilice et de la joue tendue que ceux de la révolte contre la misère, et les bibliothèques ne proposaient guère que des exemples de résignation souffreteuse, Savio, Maria Goretti, Larigaudie et autres "petits" Gérard Raymond. Notez en passant le choix de l'adjectif.

Il m'aura fallu onze ans pour convaincre un éditeur que ce livre, traduit en vingt langues, publié à un million d'exemplaires, pourrait intéresser des Montréalais. Déjà, en 1961, le livre était pourtant agaçant: à l'âge du nouveau roman, au début d'une décennie "cool", les grandes bouffées de lyrisme de Ted Allan et Sidney Gordon rappelaient les littératures édifiantes de nos adolescences. Et à travers les souvenirs de Madame Sun Yat-sen, d'Edgar Snow et des contemporains de Bethune, l'analyse des causes du fascisme et de la guerre était un peu courte. Entre ce livre et nous, il y avait eu la déstalinisation, il était enfantin de prétendre que la guerre n'est que le fruit vénéneux des efforts des banquiers, à la recherche du profit. L'argent fait moins de morts que l'idéologie. L'argent corrompt, c'est l'idéologie institution-nalisée qui assassine. Mais il restait, derrière l'homélie, l'histoire extraordinaire du Docteur Bethune.

Norman Bethune est né au presbytère de Gravenhurst, en Ontario, d'une mère missionnaire et d'un père pasteur, de qui il gardera la morale, l'éthique et la passion, et d'un grand-père chirurgien, dont il rêve tout jeune de suivre les traces. Personnage primesautier et entêté, il quitte ses études de médecine en 1914 pour devenir le troisième Canadien à s'enrôler. Il fait l'apprentissage de la guerre et de la mort comme ambulancier sur les champs du nord de la France. "Ce massacre m'épouvante, écrit-il. Le jeu n'en vaut pas la chandelle." Blessé à Ypres, il termine la guerre dans l'aviation.

Ce que la guerre lui a appris de la vie, c'est de ne pas en perdre un instant. Il s'installe à Londres pour terminer sa médecine, mais mène parallèlement une vie de bohème et de coureur: peintre, sculpteur, écrivain, il écume tous les greniers de l'Europe bouleversée et se fait antiquaire pour payer ses études. "La désillusion que les romanciers allaient exploiter vingt ans, dit Ted Allan, c'est un peu lui..." Il finit par devenir chirurgien et se perfectionne à Paris, à Berlin et à Londres.

Il fait une deuxième fois la rencontre de la mort à Détroit, où il s'était installé en 1924. En moins d'un an, il y devient un médecin réputé et fort couru, sans cesser pour autant de soigner, à peu près gratuitement, ses premiers clients: les pauvres et les prostituées du quartier des abattoirs. De cette période, il garde un certain mépris pour ses collègues médecins, qu'il tient pour des profiteurs et avec qui il ne discutera jamais d'éthique, de devoir, de réformes. Mais surtout, il attrape la tuberculose.

A cette époque, il n'y a ni antibiotiques ni sulfamides. La tuberculose, c'est la "consomption" lente, au mieux quelques années de chaise longue. Dans les seuls hôpitaux et sanatoriums canadiens, on compte cinq mille mourants. Bethune va s'installer, pour mourir sans embêter personne, au sanatorium Trudeau, à Saranac Lake, dans l'Etat de New York. Au hasard de ses lectures, il apprend que l'on commence, ici et là, Archibald entre autres, au Royal Victoria de Montréal, à traiter la tuberculose par la chirurgie: immobilisation du poumon par injection d'air, ou ablation pure et simple de l'organe malade. Il se porte volontaire pour l'intervention, guérit en deux mois. L'événement lui indique son destin: il se fait propagandiste de la chirurgie pulmonaire et, après un an d'études à New York, vient travailler à Montréal, avec Archibald au Royal Victoria et à McGill.

Mais surtout, il a vu la mort de près, il a eu le temps de réfléchir sur le sens de la vie: c'est ce que Ingmar Bergman appelle "l'heure du loup". Il brûlera désormais d'une soif intense d'arracher sa vie à la banalité, et d'une haine féroce de la maladie et de la mort, qu'il pourchassera partout.

A Montréal, c'est la frénésie créatrice. Il noie la grande frousse qu'il a eue dans la vie mondaine, le sport, les plaisirs, mais en même temps il enseigne, cherche, perfectionne ses techniques, invente des instruments. Au moment même où Hans Selye poursuit les recherches qui le conduiront à la découverte du stress, Bethune pressent et écrit que "la maladie est le résultat de l'ensemble des tensions..."

Il se fait le héraut de la médecine sociale. Pour mieux réintégrer le malade dans le milieu de travail d'où il est absent depuis deux ou trois ans, il rêve de créer des cliniques de nuit où le convalescent rentrerait chaque soir, et une université-hôpital où les élèves seraient des malades et les professeurs et médecins, des malades guéris.

Il envisage de rendre obligatoires la radiographie pulmonaire et la cutiréaction à la tuberculine. C'est que malgré le travail des médecins, le nombre de malades n'en continue pas moins d'augmenter. A cette époque, au Québec, un bébé sur quatre meurt avant l'âge d'un an. Pour lui, le premier stress, c'est la pauvreté: "Il y a deux tuberculoses, écrit-il. Une tuberculose de riches, une de pauvres. La première est guérissable, la deuxième est mortelle." Pour lui, la médecine sera sociale et préventive, ou ne sera pas. Et la vraie médecine préventive, c'est de la politique.

Dans des mémoires soumis aux associations médicales, il réclame l'assurance-maladie universelle et obligatoire, puis l'étatisation de la médecine, le salaire des médecins et l'installation dans les quartiers populaires de "communes de la santé" où des équipes multidisciplinaires feront ce qu'il appelle de "la médecine à pied". Il veut "collectiviser l'assaut contre le mal" et propose que ces premiers centres de médecine communautaire soient autogérés par les citoyens. Il soigne gratuitement dans les comités de quartier, se fait féministe, proteste contre les matraquages des chômeurs. Il passe l'été de 1935 en Union soviétique, avec plusieurs autres savants canadiens, dont Selye et l'inventeur de l'insuline, Banting, et visite des hôpitaux et des cliniques.

Déjà, on le dit communiste. Il finira par le croire et par s'inscrire, l'année suivante au Parti. Pour combattre la maladie, qu'il hait comme un ennemi personnel, il est prêt à toutes les alliances.

Entre-temps, Norman Bethune a quitté le Royal Victoria pour entrer à l'hôpital du Sacré-Coeur, de Cartierville, où il est chef des services de chirurgie pulmonaire. Le Sacré-Coeur est à cette époque un nouvel hôpital, fondé en 1926, où un groupe de jeunes savants canadiens-français s'efforcent de créer une médecine québécoise à la hauteur de ce qui se fait de mieux dans le monde. Il y a là les sommités: J. Avila Vidal, spécialiste des maladies pulmonaires et de la silicose, Migneault et Verschelden, co-fondateurs, chirurgiens célèbres, amis du grand Archibald. On y trouve également les docteurs

Fernand Hébert, Gérard Rolland, le premier spécialiste québécois de la chirurgie thoracique, adjoint de Bethune, Georges Deshaies, son premier assistant et ami intime, Georges Cousineau, son anesthésiste, et d'autres grands noms, comme Edouard Samson, ostéopathe. Le Sacré-Coeur est une mecque de la jeune médecine québécoise, ce que seront plus tard Sainte-Justine ou l'Institut de Cardiologie. On y trouve même la première banque de sang de Montréal.

A l'époque, Dom Vidal, de l'abbaye Saint-Benoît, fils du Dr Avila Vidal, avait quinze ans: "Je me souviens que mon père tenait beaucoup à Bethune. Il nous faut, disait-il, de grands bonshommes pour que Sacré-Coeur devienne ce que nous voulons, et Bethune en est un. La difficulté, c'est qu'il n'était pas très accepté dans le milieu." Le Dr Rolland précise comment les choses se sont passées: "Bethune était protestant, n'est-ce pas, alors les soeurs ont demandé l'autorisation de l'archevêché. Migneault a dû insister très fort."

Il n'y a pas que les soeurs que Bethune étonne. L'hiver, les communications étaient difficiles entre Cartierville et le centre de Montréal, et Bethune avait loué une chambre près de l'hôpital à une brave Dame de Sainte-Anne, qui le mit carrément à la porte quand elle vit qu'il recevait de fréquentes "visites féminines". Les "visites" se feront désormais dans un chalet qu'il a loué dans les Laurentides, jusqu'à ce qu'il démolisse sa pimpante Ford Runabout dans un grave accident. Les médecins, eux, le trouvent habillé "comme la chienne à Jacques": "Il nous est arrivé pas de bas dans ses sandales, débraillé, en chemise bleue, cravate jaune, nu-tête..." On devine le choc dans un milieu qui s'habillait, écrit Bethune, "comme des croque-morts mâtinés de maître d'hôtel"!

Il séduit rapidement tout le monde, cependant: les

médecins par son extraordinaire virtuosité de chirurgien, les bonnes soeurs par son dévouement légendaire, les patients par son attention.

"Au début, raconte le Dr Cousineau, ce que nous faisions c'était expérimental. Moi, j'avais la tâche de dire aux patients qu'ils n'avaient qu'une chance sur cinq ou sur dix de s'en tirer: il y avait le choc opératoire, parce qu'une opération prenait de six à dix heures, puis l'infection, l'hémorragie. Et l'anesthésie à l'éther ou au chloroforme. Bethune restait ensuite une journée, une journée et demie au chevet du patient, tant qu'il n'était pas hors de danger. Ou alors il faisait lui-même l'autopsie pour voir ce qui n'avait pas marché."

L'équipe devient célèbre. On accourt du monde entier pour voir Bethune, Rolland, Cousineau et Deshaies à l'oeuvre. Ils donnent des démonstrations à travers le Canada et les Etats-Unis. "C'était une merveille, me dit le Dr Cousineau, de voir travailler Bethune et Rolland ensemble. Un vrai ballet de mains, une synchronisation extraordinaire. Un jour, lors d'un congrès, à Québec, Bethune a réussi à subtiliser, sous les yeux de cent médecins qui n'ont rien vu, une compresse qu'un confrère avait laissée dans la poitrine du malade lors d'une intervention antérieure. Ce gars-là s'est fait engueuler ensuite... Bethune pensait à tout: il avait même inventé un bijou, un collier de forme spéciale qui cachait la cicatrice que les phrénicectomies laissaient au cou.

"C'était un gentilhomme, et aussi un grand professeur. Tous les vendredis, il nous faisait une conférence à la clinique anatomique. Ses malades étaient tout pour lui.

"Il était toujours fauché. Un jour qu'il avait passé au feu, nous avons dû, pour lui acheter des vêtements, aller collecter quelques-uns de ses patients pour lui. Il n'envoyait jamais de comptes: il n'avait même pas de papier à en-tête. Il vivait de son salaire de l'hôpital, douze cents dollars. Nous lui avons ramassé 300 dollars. Le lendemain, il m'a demandé 25 cents: il avait tout donné aux petits gars qui allaient étudier chez lui."

Il s'agissait d'enfants de quartiers pauvres qui fréquentaient un studio qu'il finançait et qu'il avait installé dans son appartement de la rue Beaver Hall. Un peintre du nom de Brandtner et Marian Scott, l'épouse de Me Frank Scott, y enseignaient selon les principes fraîchement énoncés de l'éducation par l'art. Bethune avait invité les religieuses, mais sans succès, à visiter les travaux des enfants. Hugh McLennan a décrit cet aspect de la vie de Bethune dans *le Matin d'une longue nuit* (HMH).

Bethune et le Dr Avila Vidal, qui l'avait engagé, se ressemblaient par plus d'un point. Tous deux, par exemple, achetaient à leurs malades ce qui leur manquait: douceurs, pyjamas, livres. "Tous deux, raconte Dom Vidal, avaient une grande admiration l'un pour l'autre. Mon père nous parlait des opérations formidables de Bethune et nous disait: Tu vois, cet homme, il ne cherche qu'à faire du bien. Mais quel bohème! Il n'est pas fixé. Et Bethune voyait mon père dans son milieu bourgeois, mais qui n'en était pas esclave. Ils pratiquèrent tous deux ce que mon père a dit à ses élèves de médecine, lors de son dernier cours à l'Université, en 1937: "Ayez toujours la joie et l'honneur de servir votre patient et souvenez-vous qu'il est d'abord et avant tout un être humain."

Professeur de phtisiologie à l'Université, fondateur de l'Institut de Pathologie minière, président général de l'Action catholique, le Dr J. Avila Vidal était ce que l'on appelait alors un homme d'oeuvres, profondément imbu de sa mission: "Il nous amenait à l'hôpital, raconte son fils, prendre contact

avec la misère. Nous visitions les pauvres. Nous apprenions à
donner nos jouets aux enfants de l'hôpital, à donner quelque
chose à la société. C'était d'ailleurs la hantise de mon père:
donner autant qu'il avait reçu."

Pour Bethune, c'est insuffisant. A l'automne 1936, âgé de
46 ans, au faîte de la célébrité, chef de la chirurgie thoracique
à Sacré-Coeur, consultant au ministère fédéral de la Santé et
aux hôpitaux Grace Dart et Mont Sinaï, Norman Bethune
s'embarque pour l'Espagne où la guerre civile fait rage depuis
que Franco s'est soulevé et a attaqué la République espagnole
avec l'aide de Hitler et de Mussolini. On pense à la phrase de
Malraux dans *l'Espoir:* "Votre cathéchisme et le mien, c'est
pas le même. Nos vies sont trop différentes... On n'enseigne
pas à tendre l'autre joue à des gens qui n'ont jamais reçu que
des gifles." Plus que jamais, c'est de la médecine préventive
qu'il croit faire: "La bêtise gagne trop vite, écrit-il.
L'Allemagne, le Japon, l'Espagne, cela se propage partout. Si
nous ne les arrêtons pas tout de suite, ils vont transformer le
monde en boucherie."

Il endosse la combinaison de mécanicien des Brigades
internationales, avec la feuille d'érable rouge de la Brigade
MacKenzie-Papineau,   forte   de   1500   Canadiens. Il y
rencontre son futur biographe, Ted Allan, un écrivain
québécois connu, et Hazen Sise, architecte de la Place des
Arts et de la Place Bonaventure à Montréal... Il crée l'Unité
canadienne de transfusion de sang et implante les premières
cliniques de transfusion au front. Ecrivain remarquable, il
laisse des descriptions saisissantes des premiers bombardements
de populations civiles à Madrid, à Almeria, sur la route de
Malaga, bien avant Guernica. Le médecin qui ramène à
Almeria les héros de l'*Espoir* de Malraux: Sembrano, Pol,

Attignies, Reyes, dont l'avion a été abattu sur la plage, c'est lui.

Il a l'illusion, la foi encore, comme beaucoup de ses contemporains, de pouvoir, en se couchant sur les rails de l'Histoire, arrêter la montée de l'idéologie meuglante.

C'est l'époque de Gandhi, de Mao, d'Hemingway, de Malraux, de Mermoz, la fin d'un monde en pleine décomposition dont personne n'attend plus rien. Les fils de famille, Scott Fitzgerald, Henry Miller, vont brûler leur fortune ou leurs illusions aux quatre coins du monde. Personne ne penserait rester à la maison à se garnir un fond de retraite. Trente ans plus tard, Alain Grandbois murmurera à Gérald Godin, émerveillé: "C'était en mil neuf cent trente quelque chose, je descendais le Yang-Tsé sur un vapeur battant pavillon chinois..."

Après un an de travail forcené, Bethune revient en Amérique recueillir des fonds, secouer l'opinion pour que les démocraties aident l'Espagne. Il retrouve le ton prophétique de son ascendance de pasteurs: "D'une voix pareille à celle de l'Archange, j'éveillerai tout ce qui dort dans l'indifférence repue... Que vos enfants errent dans la solitude et la terreur de la mort, vous qui entendez les cris de l'Espagne et qui restez cois!" A son arrivée à la gare Bonaventure, des milliers de personnes l'attendent et défilent avec lui dans les rues. "Nous sommes allés, ses collègues, raconte le Dr Rolland, à son assemblée de l'aréna Mont-Royal. Nous étions cachés en haut dans les dernières rangées. L'aréna était plein à craquer."

Il ne convaincra guère. C'était la crise: on écoutait davantage Adrien Arcand, dont les bandes fascistes avaient saccagé son studio-école, côte du Beaver Hall et s'en prenaient aux meetings de chômeurs. André Laurendeau a raconté comment il était difficile, à cette époque, sans un peu de

chance, de s'arracher au climat maurrassien ou corporatiste.
"Quand il est revenu au Sacré-Coeur, quelques jours plus
tard, raconte le Dr Cousineau, revoir ses anciens malades, il
a eu un gros chagrin. Une petite soeur qui avait travaillé avec
lui et qu'il aimait beaucoup s'est signée et sauvée en le voyant.
Il ne venait pourtant pas mettre de bombes." On lui avait
sans doute raconté, comme dans les écoles de mon enfance,
que les Républicains espagnols coupaient les Frères maristes
en petits morceaux...

Il n'avait pourtant jamais fait de politique ni de propagande
à l'hôpital. "En partant pour l'Espagne, dit le Dr Rolland, il
nous a dit qu'il nous avait enseigné ce qu'il savait et que nous
pourrions nous débrouiller. Il m'a suggéré d'aller à New York
me perfectionner. Son nom m'a ouvert toutes les portes."

"Il voyait probablement qu'on était pas mal trop bourgeois
pour le suivre, ajoute le Dr Cousineau. Il n'a pas tenté de
nous emmener. Moi, j'avais cherché à l'influencer philoso-
phiquement: je l'ai emmené à l'église, à des funérailles, et à
mon mariage. Il avait passé deux ans avec nous sans devenir
catholique. Il est allé quatre jours à Moscou et il est revenu
communiste. Ça m'a toujours chicoté... Il avait trouvé sa
façon de se dévouer. C'est peut-être nous qui n'étions pas assez
engagés. Quand il est parti, j'ai considéré ça comme un geste
essentiellement humain, comme le geste d'un missionnaire.

"A son retour d'Espagne, on ne s'est guère revu. Il était
très pressé, il s'en allait à Vancouver."

"Aujourd'hui, écrit Bethune, j'ai acheté quelques journaux
canadiens pour lire en attendant le train. J'ai vu dans les
dernières pages qu'on avait manifesté sur les quais de
Vancouver pour empêcher du fer de rebut de partir pour le
Japon. Bravo! dira-t-on. Mais y avait-il un ministre du

gouvernement pour les féliciter et les assurer que le Canada n'aidera pas à tuer des Chinois? Non, il n'y avait là que la police pour matraquer les manifestants. Bêtise! Quelle bêtise sanglante et sinistre!"

Il sent déjà que l'Occident est perdu, que la boucherie qu'il avait crainte est commencée. Il a vu en Espagne ce dont le totalitarisme est capable et que les démocraties n'ont rien compris à ce qui se prépare. Il sent qu'il ne suffira pas de gagner la guerre, qu'il faudra changer l'homme et que le salut viendra d'ailleurs.

Dans une étonnante intuition, c'est Mao Tsé-Toung et ses compagnons de la Longue marche qu'il va rejoindre au coeur de la Chine. C'est là qu'il continuera sa guerre personnelle contre "cette engeance qui parcourt la terre, baïonnette au fusil, à la recherche de la menace communiste".

Il arrive en janvier 1938 à Han-Kéou, au centre de la Chine, une ville dont Alain Grandbois, qui venait d'y publier ses premiers poèmes, écrit dans *Avant le chaos:* "C'est une ville énorme, sombre et sale, qui évoque les pires quartiers de Londres ou de Hambourg..."

Bethune rejoint la 8e armée de route de Mao Tsé-Toung, Chou En-Lai, le maréchal Nieh. Dans une rencontre devenue célèbre, il promet à Mao de sauver 75 p. cent de ses blessés si on lui en donne les moyens. Et pendant 18 mois, Japonais devant, troupes de Tchiang Kaï-Chek dans le dos, il installe des hôpitaux, forme des infirmiers, des médecins, répand la pratique de la transfusion, opère dans des conditions de fortune. Au cours d'un affrontement particulièrement violent, il opère 115 blessés en 68 heures dans un marathon inhumain. Il a 49 ans et en paraît 75. Une bête coupure à un doigt, alors qu'il n'a plus de médicaments, entraîne une septicémie qui l'emporte le 13 novembre 1939.

A Montréal, chez le Dr Cousineau, les lettres de Chine cessent d'arriver. On croit que ce silence est dû à la guerre qui vient de commencer. Mao est encore à dix ans de sa victoire, il y aura la guerre froide: tout est en place pour qu'on oublie Bethune. "J'ai appris sa mort quand le livre a paru, je crois", me dit le Dr Rolland. C'était en 1952, et vingt ans plus tard, Bethune est toujours aussi oublié. Chez lui, du moins.

Car en Chine, Norman Bethune est un héros national. La plus grande photo du Musée militaire de Pékin, c'est la sienne. Un grand hôpital porte son nom, une école de médecine. Son tombeau, à Chi-Tchia-Tchouang, est un lieu de pèlerinage. Les lettres sont affranchies de timbres à son effigie. Mao l'a proposé aux Gardes Rouges comme exemple. Et la médecine "populaire", qui forme en six mois du personnel médical et qui envoie les médecins aux champs, c'est la leçon de 1938-1939, que le Président Mao n'a pas oubliée.

Les journaux du 19 janvier dernier publiaient une dépêche de Pékin relatant une anecdote fort amusante: deux secrétaires de l'Ambassade du Canada à Pékin patinaient sur un canal gelé de la Cité interdite quand elles virent un jeune garçon de onze ans s'enfoncer dans un trou dans la glace; malgré le froid elles se jetèrent à l'eau et le ramenèrent sur la berge. "Les tantes canadiennes m'ont sauvé la vie, a déclaré le jeune Kei Min-Toung au *Quotidien du Peuple*. J'ai décidé de travailler sérieusement pour faire des progrès et imiter le Docteur Bethune." On peut sourire, mais tous les voyageurs ont confirmé que le nom de Bethune est en Chine un véritable mot de passe; c'est un de rares Blancs qui n'y soit allé ni en missionnaire ni en conquérant, tout comme à Sacré-Coeur, c'était le communiste qui n'avait pas de couteau entre les dents. L'historien R.-J. Stewart, de l'Université de Toronto, qui est récemment allé en Chine en vue d'une biographie "définitive" de Bethune écrit: "Etre Canadien, en Chine, être du pays de Bethune, c'est être privilégié..."

Sérieux chez eux au sujet de Bethune, les Chinois s'amusent follement quand ils viennent au Canada. Depuis la tournée de la première mission diplomatique, ils savent fort bien que Bethune est méconnu dans son pays natal, qu'aucune rue ne porte son nom à Montréal, qu'il n'y a de plaque commémorative ni au 394 Beaver Hall (aujourd'hui 1178 place Phillips) ni au Sacré-Coeur, où on n'a à peu près rien conservé de lui. Or, équipe de ping-pong ou troupe d'acrobates, ils demandent inlassablement à visiter ces choses et ces monuments qui n'existent pas. L'an dernier, ils ont participé à une cérémonie qui s'est déroulée à Gravenhurst: ils ont planté un genévrier chinois dans le parterre de Mme Houston, la femme du pasteur actuel de l'endroit, arraché un peu d'écorce sur ses bouleaux, et pris des poignées de terre dans son jardin. Ils se sont aussi scandalisés de voir un poster des Flintstones dans la chambre à coucher de leur idole! Ils ont enfin écouté M. Mitchell Sharp, le ministre canadien des Affaires extérieures, reconnaître que Bethune était un personnage "of national historical significance". Quand les discours des députés fédéraux et provinciaux furent terminés, Ted Allan fit remarquer que personne n'avait osé rappeler que Bethune avait été communiste, suscitant sinon un incident, du moins un "malaise" diplomatique. Pierre Berton, qui avait inscrit le nom de Bethune dans la liste des "great Canadians" d'un *Who's Who* en préparation, s'est fait retourner par son éditeur!

Mais il y a du neuf. Alors que Norman Bethune avait été jusqu'ici la propriété exclusive de sa génération et de ceux qui avaient travaillé ou combattu avec lui, des jeunes gens s'intéressent à la carrière de ce personnage exceptionnel. En octobre, des étudiants publiaient un message dans les petites annonces du *Devoir*: ils voulaient retracer des contemporains de Bethune. A Edmonton, un collège l'a inscrit au programme d'histoire et d'études sociales. D'autres sont membres du Comité mémorial de Bethune. Pour eux les querelles idéologiques des années trente ne signifient plus rien et ils ont le sentiment que Bethune, eut-il été vivant, se serait trouvé au Biafra, au Bangla Desh, au Viet-Nam, avec d'autres hommes, d'autres médecins, Quakers, Américains, Suédois... Sous le masque mortuaire de Bethune, c'est celui de Che Guevara qu'ils retrouvent, mais d'un Guevara victorieux. Et pour eux, le message de Bethune n'a pas vieilli: "Je refuse de vivre dans un monde qui engendre la corruption et le meurtre, sans lever le petit doigt."

UN MARIAGE COLLECTIF

(*Le Maclean*, janvier 1973)

"*Nous étions dix-sept et nous formions un couple heureux... Il y avait Mireille et Roger, Denise et Marcel, couples-noyaux mariés du premier jour, Jocelyne et Barbara, les femmes-*

comètes, astres solitaires, Jacques le philosophe, qui nous vint
célibataire et Gaston qui le demeura, Claude et Thérèse, que
nous aimâmes beaucoup mais qui furent notre premier
divorce et le commencement de la fin, Lise et Pierre, leurs
remplaçants de la onzième heure, et les enfants Poilu, Manuel,
Moineau, Kari et Muscade, qui réussiront peut-être plus tard,
là où nous avons échoué... Et le chien Kibboutz."

Cette histoire qui commence comme un conte absurde de
Lewis Carroll, il faut la raconter à l'imparfait: il n'en reste
que les petits calepins de Jocelyne, le gros cahier noir de
Mireille, quelques bobines magnétiques, les anecdotes et les
réflexions que l'on m'a confiées, quelques fragments de la vie
d'un ménage d'hommes et de femmes qui s'étaient lancé le
défi de trouver à la société une autre cellule de base que le
couple, d'élargir la famille aux dimensions d'une commune,
sorte de mariage "collectif" où l'on pourrait résoudre plus
harmonieusement les équations du quotidien et, peut-être,
rester moins seul pour pleurer la défection d'un mari ou
d'une femme. "Il y a des avantages, disait l'un d'entre eux.
Une chicane de ménage devant dix témoins, c'est pas mal
moins vicieux..."

On ne fonde pas une commune en mettant une petite
annonce dans les journaux. Même dans *le Devoir*. On n'y
entre pas non plus comme dans un couvent, officiellement,
avec des voeux le soir. Il y faut, je crois, une certaine
prédestination, le goût du clan, la nostalgie des grandes
tablées, le besoin du partage. Ce n'est pas une idée de célibataire
ni de riche. On partage d'abord une voiture, puis une tente ou
un chalet, le temps des vacances. On trouve l'amitié plus
importante que les problèmes de logement et la logistique de

la cuisine, le contact humain plus précieux que la bonne ordonnance des biberons et des brosses à dents.

L'idée germe lentement de s'organiser de façon plus rationnelle, d'ajouter au plaisir d'être ensemble les avantages d'une gestion scientifique: partager le logement, l'électro-ménager, l'automobile, c'est combattre le "système", contourner la société de consommation, parler d'égal à égal avec la pieuvre multiforme du *management* comme on dit dans *Marie-Claire*. Le mariage collectif, au début, c'est une affaire simple, qui unit la passion et la raison... Comme un mariage ordinaire. Un jour, on ne s'entendra plus, les difficultés se multiplieront au carré du nombre des époux. Qui pense à ces choses, au grand matin? S'il y avait des cours de préparation au mariage collectif, on y dirait qu'un couple à dix-sept, "ça se construit"!

Au printemps de 1969, Mireille et Roger cherchaient une maison de ferme et trois champs pour passer l'été, et peut-être fuir définitivement le smog moutarde de Montréal. Ils trouvèrent près de Châteauguay, au bord du fleuve, une immense maison victorienne à balcons et à clochetons, véritable cathédrale de la fécondité, avec des chambres pour quatre générations, sans compter les invités. Pourquoi s'encombrer d'un pareil navire quand on est trois, un homme et une femme qui font leur vie, avec un enfant qui regarde venir la sienne? On prépare toujours le lit de son destin.

Cet été-là fut le premier d'une histoire qui allait en avoir trois. Profitant de l'aubaine, les amis se rabattirent sur la grande maison, la ferme et les quelques animaux, comme une nuée d'étourneaux dont certains étaient prêts à nicher. "En juillet, on était déjà presque une coopérative; les soirs d'août, autour d'un grand feu de bois, on se demandait ce qui empêchait de passer l'hiver en commune, de tout mettre ensemble, biens, travail, enfants, de créer une grande famille et, qui sait, peut-être d'amorcer une grande révolution."

On était entre enseignants, on avait le verbe facile et le concept spontané. On prit des décisions, pour le meilleur et pour le pire.

Les lueurs du feu cachaient certaines choses: par exemple, qu'il manquait une femme. Premier impair. Qu'à cette croisée de chemins, tout le monde n'allait pas dans la même direction. Qu'à l'écurie, un cheval engraissait comme pour l'abattoir et faisait des vents épouvantables parce que plusieurs personnes, qui aimaient les animaux, se levaient au petit matin, en cachette les unes des autres, pour lui donner chacun une généreuse portion d'avoine.

Heureusement, il est plus facile de nourrir les humains que les chevaux: ils disent *"s'il vous plaît"* ou *"non, merci"*. Mais depuis bien longtemps, au moins depuis l'électrification rurale, on ne sait plus comment nourrir vingt personnes.

"On s'est vite aperçu qu'il faudrait un camion pour faire le transport des denrées et une véritable fortune pour se les procurer au super-marché. Personne ne s'était imaginé que nous aurions besoin d'autant de choses. Chacun était habitué à un petit marché: deux grands sacs garnis de gâteries, une boîte d'escargots, deux pots de yaourt, une douzaine d'huîtres, deux tournedos..."

Il fallut changer de régime. Des mots nouveaux firent leur apparition dans le vocabulaire des nouveaux mariés: le gallon, la manne, la poche, la caisse, le quartier de boeuf.

On achetait les oeufs et la viande chez l'habitant, les conserves et les produits de ménage à pleines caisses, directement de l'entrepôt, et les légumes au marché central.

En camionnette, la tournée prenait une journée. Le tout disparaissant dans un congélateur et deux réfrigérateurs caverneux rachetés d'un hôtelier qui se demandait s'il valait mieux se mettre en faillite ou profiter de son assurance-feu.

Le samedi, on "cuisait" pour la semaine, avec des impressions d'être le jour du pain, il y a cent ans: un chaudron de coq au vin, un autre de bouilli de boeuf, trente petits steaks à congeler.

"Chacun avait ses cours, son travail, son horaire: on entrait n'importe où entre midi et minuit, il fallut oublier vite l'idée d'une grande table avec terrines qui passent de main en main. C'est Gaston qui a mis au point la méthode définitive: il préparait pour chaque personne deux douzaines de plats individuels prêts à servir." Le congélateur contenait en permanence de cent cinquante à deux cents de ces assiettes, chacune marquée d'un nom, et qu'il suffisait de passer vingt minutes au four en rentrant du boulot.

Au début, à la suite d'un impressionnant meeting, on s'était partagé les tâches: deux cuisiniers, trois laveurs de vaisselle, des épousseteurs... "Tout cela n'a pas duré. Chacun s'est spécialisé au gré de ses aspirations personnelles: les uns, à la popote, d'autres au ménage, d'autres encore auprès des enfants."

Une partie importante de la commune s'est centrée autour du rite trois fois quotidien de la table; comment faire autrement, avec 48 repas par jour, sans compter les visiteurs et les amis dont il y avait toujours une demi-douzaine au moins...

Novembre venu, il fallut se mettre à la recherche d'une maison de ville. On aimait l'air pur, la terre, la grande plaine de joncs fleuris en bordure du Saint-Laurent, mais il y avait les classes, le travail. Tout le monde sentait confusément qu'en restant dans le grand manoir de Châteauguay, la commune se transformerait en auberge. On y reviendrait l'été; le temps de l'hivernage était venu.

Les maisons d'aujourd'hui ne sont pas faites pour les grandes familles, traditionnelles ou communales. Quand on veut assurer à chacun sa chambre, des pièces de séjour, des studios de travail, une salle de musique, on ne s'entasse pas dans le premier duplex venu. Non seulement les grandes maisons sont-elles rares, mais si vous en possédiez une, fût-elle ancien château ou couvent abandonné, la loueriez-vous à un couple d'une vingtaine de personnes? Le propriétaire est l'ennemi de la famille nombreuse, surtout de l'engeance communautaire: il y a la peur de la détérioration, celle du loyer non versé, celle surtout, du commérage.

C'est un vieil Ecossais humoriste, bourlingueur à la retraite, Asmodée fleurant le whisky, désireux de voir comment cette ménagerie latine allait se tirer d'affaire, qui leur céda une vieille propriété de famille à Westmount: une "mansion" de vingt pièces, réparties sur trois étages. A 400 dollars par mois, l'affaire semblait ruineuse, mais c'était en réalité une aubaine autant pour lui, qui n'avait pas trouvé preneur depuis une éternité, que pour la commune, refoulée à toutes les portes. D'ailleurs, tout se passa très bien: deux ans plus tard, on allait résilier le bail, une ambassade achèterait la maison et les voisins pourraient respirer, débarrassés de ces voisins ni sales, ni hippies, mais qui affichaient trop visiblement aux fenêtres les pancartes bleues et rouges du Parti québécois. My God!

La commune résista extrêmement bien à l'assaut de silence cossu et de pudeur tolérante avec lequel le voisinage l'accueillit. Les règlements municipaux étaient admirablement muets sur le sujet et ce n'est qu'en octobre 1970 qu'on trouva le prétexte d'une persécution infructueuse.

Parler d'une commune, pour des policiers, c'était parler d'une sanguinaire tribu d'assassins comme celle de Charles Manson. Deux heures après l'enlèvement de James Cross, la police croyait savoir où il se trouvait!

"Le soir même, nous étions tous en joue, les mains appuyées au mur, nus, bien sûr, puisqu'on n'allait pas se priver de faire se déshabiller les êtres bizarres que nous étions, autant par curiosité que par sadisme. C'est la Sûreté et l'Armée qui se sont chargées d'une perquisition de deux heures; tout y a passé, le congélateur vidé, les placards dévastés. On a sondé les murs de la cave au grenier, interrogé tout le monde, même les enfants. Dans la rue, à la porte, il y avait une équipe belge de télévision, prête à filmer pour le monde entier la découverte de l'otage!"

Les mesures d'exception expirées, Cross retrouvé, on trouva d'autres méthodes pour se payer une visite au zoo et en persécuter les habitants: il y eut les vérifications de la police municipale, l'inspection des pompiers, celle des ramoneurs, des dératiseurs, tous munis de permis municipaux en bonne et due forme. A la commune, on attendait avec impatience l'été et le retour à la grande paix de la campagne.

Il faut dire que l'on avait fait l'essentiel pour mystifier les gens. Lors de l'Halloween, une cohorte de 25 bambins, dans un quartier où il n'en existe guère, ça étonne. A l'école du quartier, il avait fallu un bon mois aux institutrices, des religieuses pour la plupart, pour faire le compte des parentés réelles ou inventées: on avait là des frères et soeurs dont aucun ne portait le même nom.

"Nos parents ont fondé une coopérative d'enfants", avait expliqué Poilu.

Dix ans plus tôt, on aurait renvoyé tout ce petit monde aux géhennes impies d'où il venait; à la fin des années soixante, on haussait les épaules: il n'y avait plus rien à comprendre dans le monde de l'éducation, alors un mystère de plus ou de moins...

"C'est d'ailleurs, raconte Mireille, du sort des enfants que s'inquiétaient surtout les journalistes, sociologues ou "animateurs" qui s'intéressaient aux communes et qui venaient nous visiter parce qu'ils n'avaient pas réussi à obtenir de bourse pour se rendre au Danemark où il y en avait, dit-on, plusieurs. Si quelqu'un a profité des avantages de notre aventure sans en souffrir les inconvénients, ce sont les enfants.

"Ils étaient les enfants de tout le monde. Il devenait difficile d'être injuste envers eux, et il y avait toujours quelqu'un pour s'en occuper. Au lendemain d'une punition, ou faute d'obtenir ce qu'ils réclamaient, ils se "choisissaient" de nouveaux parents. Les jeux ne manquaient pas."

Par contre, dans un mariage collectif, la présence des enfants crée des difficultés que l'on ne trouve pas dans une maison ordinaire. Gaston m'a fait le récit du "divorce" de Mireille et de son départ de la commune après deux ans: "Il avait été entendu, dès le début, que les enfants resteraient avec leurs frères et soeurs, avec le groupe, si jamais un adulte partait. Quand Mireille est partie, son fils Poilu s'est mis à détester ses autres parents pendant quelques semaines. Quand Lise et Pierre sont partis à leur tour, ils ont emmené leurs deux enfants avec eux. L'idée d'être frères et soeurs, les mousses avaient véritablement pris ça au sérieux; plus que

nous. Nous, je pense bien que nous n'avions jamais cru
vraiment que deux adultes abandonneraient leurs enfants au
collectif. Les petits étaient très attachés, ils ont eu de mauvais
moments."

Les arrivées suscitaient elles aussi des difficultés. Personne
n'élève ses enfants de la même façon et c'était aux nouveaux
venus, comme Claude et Thérèse, "mariés" sur le tard, de
s'adapter aux us et coutumes existantes. Thérèse bouda trois
jours quand elle découvrit, en rentrant de la ville, que l'on
avait, à cause des moustiques, coupé les cheveux de "ses"
enfants. L'adaptation était assurée, en général, par les autres
enfants. Pour les adultes il fallait des réunions et des
discussions. Pendant les soirées de fondation, à Châteauguay,
les membres s'étaient mis d'accord sur la nécessité de ne
jamais crier, de ne jamais mentir aux enfants, de ne pas leur
raconter d'histoires. On tenait aussi à préserver une certaine
cohérence devant eux. Jacques le philosophe, ainsi appelé
parce qu'il enseignait cette discipline que l'on prêche plus que
l'on ne pratique, s'était étonné de constater qu'au lendemain
d'une longue diatribe qu'il avait faite contre les écoles, les
enfants avaient décidé en comité de ne plus y aller. "L'école
sera dans ma chambre, avait dit Muscade, et c'est toi qui
enseigneras."

Dans le projet original, la commune avait rêvé d'avoir sa
propre école... sitôt qu'il y aurait une douzaine d'enfants.
Elle avait aussi rêvé que des enfants lui naissent, des enfants
qui ne seraient pas *adoptés* en même temps que les couples.
Tout avait été prévu: quel nom porteraient-ils? Leur mère en
déciderait, puisqu'elle on la connaîtrait, alors qu'on saurait
difficilement qui serait le père! Ce seraient les enfants de la
commune, les enfants de tout le monde. Roger sourit en

me racontant ces projets déjà anciens: "Ce n'est pas un hasard si personne n'est né au cours de cette période. Nous savions inconsciemment notre fragilité. Nous savions que les mères ne laisseraient pas leur enfant au groupe. Si tel avait été le cas, le dernier parti serait père de famille nombreuse, je suppose!"

Lors des *"fiançailles"*, puisqu'on ne peut guère parler de fondation d'une chose qui s'organise petit à petit, ce n'est pas la question des enfants qui avait été la plus grande source d'inquiétude, mais celle de l'argent. Il y avait plus de chômeurs que de pourvoyeurs.

Mais si l'argent a fini par susciter des conflits, c'est par son abondance et non par son absence. D'un mois à l'autre, le ménage pouvait compter sur un peu plus de 2 000 dollars gagnés, pour près des deux tiers, par deux des membres; le reste arrivait par petits chèques, au hasard d'un cours ou d'une séance de pose de Barbara au Collège du Vieux-Montréal.

Jocelyne, qui était trésorière, m'a expliqué comment elle tenait le budget, ou plutôt comment le budget la tenait. Tout était déposé dans la caisse commune: non seulement les chèques endossés par leurs bénéficiaires, et que Jocelyne allait encaisser, mais les dons, les cadeaux, les livres, les "dots" aussi, meubles, disques, appareils, que les "nouveaux mariés" accueillis en cours de route apportaient avec eux. "Je mettais de côté ce qu'il fallait pour le loyer, la nourriture, le téléphone, le chauffage, le transport. Il restait environ 400 dollars pour les dépenses personnelles."

Ce surplus, on s'est demandé s'il fallait le diviser en parts égales ou le laisser dans la caisse commune. "Il y en a qui vivaient de trois fois rien. Il fallait insister pour qu'ils s'achètent une nouvelle chemise. D'autres avaient besoin de plus d'argent, par goût ou pour les nécessités de leur travail. Si on avait réparti l'argent, les plus économes auraient fait des économies, et il ne serait rien resté pour la commune."

Avoir des économies, c'était la source des difficultés. C'est l'argent qui sera, plus tard, l'occasion de la désintégration du collectif. On peut raconter tout de suite, d'ailleurs, ce qui s'est produit. Le dernier couple entré à la commune, quelques mois avant l'effondrement final, avait un compte de banque assez rondelet, qu'il avait caché aux autres membres. La seule chose qu'il avait mise en commun, c'était une dette, rondouillette elle aussi, et que la commune allait assumer, comme elle assumait tout. Mais c'est déjà le dernier chapitre.

"L'argent de poche, dit Mireille, nous n'en avions pas besoin. Un peu de parfum, peut-être, des babioles. Nous ne sortions plus, sinon pour aller au ciné. Les loisirs se passaient à la maison. Avec les instruments que chacun avait apportés, flûtes, harmonica, trois guitares, nous faisions beaucoup de musique. Et dès le premier hiver nous avons ajouté un piano. Avec les dots de tout le monde, nous avions constitué une chaîne de haute-fidélité extraordinaire et une discothèque de mille disques. Nous avions deux salles pour les écouter. Nous avions également un équipement de photographie au complet."

Il y a loisirs et loisirs. L'homme ne joue pas que de la flûte, et la femme non plus. Dans ce grand mariage, il y avait des célibataires. Entre les couples, les triangles et tout le manuel de géométrie, des célibataires que tout le monde aimait, mais pas assez pour l'amour, et d'autres qui tenaient à élargir à l'extérieur de la commune le champ de la connaissance d'autrui. Quand tout le monde sort s'amuser, une commune n'est plus qu'un hôtel.

"Je me demandais toujours, raconte Jocelyne, si mon tchomme allait aimer la commune, s'il allait être jaloux, et si les autres allaient l'accepter." On n'entrait pas au collectif, en effet, comme dans un couvent; on s'en approchait, petit à petit, au hasard des visites, en évitant de s'imposer ou d'être refusé brutalement. Quand venait le moment de la grande demande, il y avait référendum. Et tout le monde ne s'adaptait pas facilement. Un mariage collectif, c'est à la fois le monastère et le cirque. Tout est à tous: on jouit de tout sans rien posséder. Il y eut dans la commune, outre ceux que j'ai déjà nommés, des oiseaux de passage, des fiancés d'un soir ou d'un mois qui n'ont jamais pu s'habituer à partager un livre, une machine à écrire, une fille. Roger croit savoir maintenant pourquoi il y a plus de couvents de femmes que de moines. "Les filles s'accommodaient mieux", dit-il.

Quand il y a des années que l'on vit seul, ou en couple, on a son ménage à soi, ses choses, le tout bien rangé. Après deux ans, Denise parlait encore de "sa" balayeuse, qui avait pourtant été remplacée.

Cet attachement aux choses permettait d'ailleurs aux partants, quand ils étaient aigris, en colère, ou tout simplement malheureux, d'exercer de savantes vengeances: la plupart des "divorcés" partaient avec un ménage "équivalent" à celui qu'ils avaient en arrivant, mais on m'a raconté comment certains se trompaient volontairement. Partir avec un malaxeur dans sa valise, c'était peut-être une façon d'obliger quelqu'un à aller chercher l'appareil... et qui sait, peut-être de le retrouver.

La liste des pseudonymes que j'ai publiée au début, en effet, ne dit pas tout. Il y a eu des arrivées et des départs, des gens sans importance et d'autres qui laissaient un grand vide.

Et tout ce monde était heureux, mais pas en même temps. Certains même, pas souvent.

J'ai trouvé, chez les gens que j'ai rencontrés, dans diverses communes, toutes sortes de motivations, et qui ne changent guère d'un groupe à l'autre. Outre les idéalistes, les communards réformistes ou les nostalgiques de la famille nombreuse, la commune attire des esseulés qui cherchent la chaleur d'un foyer, des couples au bord de la rupture qui trouvent dans la grande maison une façon de se garantir l'un de l'autre, d'éviter les ennuis de la séparation, de protéger leurs enfants. D'autres y viennent pour des raisons économiques.

Il y a ceux enfin qui viennent régler des problèmes strictement sexuels et qui ne règlent rien. Gaston, dont je vous ai parlé, n'a jamais trouvé à la commune une femme qui ait accepté de faire l'amour avec lui: il n'a pas une tête d'amant, il est trop triste pour amuser et pas assez pour qu'on s'apitoye sur son sort. On se l'était attaché parce qu'il était gentil sans penser qu'il se ferait un jour plus pressant.

Marcel et Denise, les amants de vingt ans, étaient venus jouer avec la vie et voulaient changer de partenaire dès le premier jour. Quant à Claude et Thérèse, ne les gardait dans la commune que leur peur de se retrouver seuls; ils ont tenu cinq mois.

Mireille voit leur départ comme le début de la fin. "Ils ont été le premier divorce de la commune. L'exemple. Quand ils sont arrivés, nous cherchions un couple avec des enfants, pour régler des problèmes de jalousie entre nous et pour nous donner un peu de stabilité. Thérèse avait des aventures et se sentait coupable que son mari n'en aie pas aussi. Elle venait le tromper de façon *permise*. Lui venait l'empêcher de l'abandonner. Claude buvait beaucoup, puis il a cessé, peut-être simplement parce que nous n'avions pas les moyens de l'approvisionner. Thérèse, elle, mettait ses choses à part, sauf son lit; avec le temps, les choses se sont tassées. Elle s'est rapprochée de son mari et acceptait de tout partager, sauf lui!"

C'est ce qui a précipité leur départ. L'événement se produisit la fin de semaine de la fête du Travail. Il y eut trois longues journées de palabres autour de l'immense table de réfectoire qui occupait le centre de la salle de réunion où la commune tenait toutes ses assemblées. Tout le monde y était. "Claude se sentait écartelé: il voulait rester, ses deux enfants aussi. Thérèse voulait partir et emmener son mari avec elle." C'est Thérèse qui l'emporta, la commune qui perdit.

"Nous ne pouvions pas nous priver d'eux. Ils nous apportaient la stabilité. Avec les enfants, c'étaient quatre personnes du coup. Nous avons commis l'erreur, poursuit Mireille, de vouloir les remplacer tout de suite."

Les remplaçants, ce furent Lise et Pierre avec deux bambins, un garçon et une fille, Manu et Kari. Ils portaient beau, se prétendaient libérés de tout. A près de 40 ans, ils étaient à l'aise et possédaient un ménage impressionnant.

Au bout d'un mois, Pierre avait menacé de partir dix fois. Professeur entêté, il était venu vivre une expérience idéologique: depuis la grande révolte étudiante de mai 1968, il tenait à faire le contraire de ce que tout le monde fait. Mais il refusait systématiquement d'appliquer dans le quotidien ce qu'il prétendait croire. Un mois plus tard, il repartait, avec une femme qui n'allait pas lui rester longtemps, et un plein camion de meubles dont l'absence faisait partout de grands

trous blancs dans l'immense vaisseau à demi-désert de la rue
Sherbrooke.

Marcel, qui n'a pas gardé comme d'autres la nostalgie des
deux années passées en commune, se moque un peu de Pierre:
"Le soir de son arrivée, il voulait mettre tout le monde au riz
brun et au soya ou aux nouilles de légumes. On n'avait jamais
entendu dire qu'il était maniaque des aliments naturels. Ça lui
avait pris. Sa femme l'avait amené dans le collectif comme
dans un étang, pour le noyer, pour le délayer. D'ailleurs, je
pense qu'ils se sont quittés peu après nous avoir laissés."

Avec la venue de l'hiver, la commune acheva de s'effilocher.
Le choc capital survint avec le départ de Mireille. Marcel, qui
avait été son amant, avait claqué la porte à la suite d'une
querelle avec Roger. Il ne restait plus que ce dernier, avec
Gaston, Denise, Jocelyne et Barbara. Ils devinrent romantiques
pour se consoler, mais l'argent allait continuer de pratiquer
des trouées dans cette grande famille qui ne tenait plus, il
faut le dire, que par la force de l'habitude et la nostalgie d'un
idéal qui s'était essoufflé en route.

Dans l'austérité, le devoir de partager liait tout le monde.
Dans l'abondance, la mesquinerie aiguisait les dents. Lise et
Pierre avaient partagé leurs dettes et caché leur compte de
banque. Denise, elle, hérita d'un petit magot, à la mort de son
père, et décida de s'acheter une voiture. Les six survivants
avaient pourtant un minibus: cette voiture était un message,
un symbole. Denise refusa de céder à ses amis, acheta la
voiture et s'en servit pour déménager.

Etait-ce l'argent? Ou un autre virus minait-il la commune?

La pierre d'achoppement, ce fut un virus préhistorique, un
sentiment "dépassé" pour des universitaires "rationnels": la
jalousie. On avait aboli la possession, nié la possessivité. On se

laissait libre, on acceptait tous les échanges, on tolérait toutes les combinaisons. Une commune était une structure sociale, l'amour un sentiment personnel, le faire une activité agréable: tels étaient les thèmes des discussions nocturnes, sur la plage de Châteauguay, à l'été de 1969.

"Le monde s'imagine des orgies incroyables, me disait Gaston. Dans nos rencontres avec des étudiants, nous parlions de principes, mais dans les yeux des gens, la question qu'on devinait, c'était ce que l'on faisait ensemble. Il y a eu moins d'échanges qu'on pourrait le penser. Ce qui arrive dans une commune, c'est ce qui arrive partout: deux gars s'arrachent la même fille, deux filles se disputent le même gars. Et il y a toujours un troisième larron qui attend."

L'absence de jalousie, la prédominance de la raison, l'entière liberté, certains y croyaient fermement. Comme Roger: "Je n'avais jamais été jaloux. Mais j'ai appris vite. La première fois que ma femme est allée passer la nuit avec un autre, les filles sont venues me consoler, mais la commune, je l'aurais bien foutue en l'air. De ce côté-là, je me suis fait violence deux ans. Je m'en voulais de ne pas être *cool* comme j'aurais aimé." Comme Mireille: "Je n'avais jamais été jalouse. Mais je n'emmènerais pas Pietro (son nouveau mari) dans une commune."

La jalousie, c'était la fissure par où toute la vie de la commune allait s'écouler. Mais la véritable difficulté, c'était la compatibilité des gens. Ce sont les théoriciens qui fondent les communes, "des gens en forme d'idée", dit Jocelyne; ce sont des êtres humains avec leurs qualités et leurs défauts qui les brisent. La "dynamique de groupe", combustible principal du mariage collectif, selon ses propagandistes, c'est une longue scène de ménage étouffée, à plusieurs. Ce qui

attire un membre-fondateur, c'est peut-être moins la théorie
que la femme du copain.

C'est George Bernard Shaw qui proposait à son ami H.-G.
Wells, dans une lettre, un ménage à quatre: "Si la morosité
et l'insatisfaction qui ont marqué votre conduite récente sont
les symptômes d'une passion cachée pour ma femme
Charlotte, soyez homme et dites-le. Elle vous porte un vif
intérêt qui pourrait facilement mûrir si vous le cultiviez
attentivement et se transformer en un sentiment plus profond.
Il m'est difficile de croire qu'elle puisse déjà être fatiguée de
moi, et pourtant notre union a perdu sa première fraîcheur.
D'autre part, Jane *doit* être fatiguée de vous si vous vous
conduisez envers elle comme vous l'avez fait envers moi...
Jane est une femme extrêmement agréable... et je doute que
vous l'ayiez jamais appréciée. J'ai toujours eu l'esprit très
large en ces matières. Ne laissez pas de simples bêtises
juridiques nous séparer. Si vous désiriez un mariage à quatre
en admettant que vous en convainquiez Charlotte (assurez
Jane, si elle renâcle, que je suis prêt à être un père pour elle),
vous n'avez pas à craindre d'empêchements superstitieux
de ma part."

Déjà, quand on sait qu'un homme et une femme ont de la
peine à se retrouver sous le voile des esquives, des attitudes,
comment démêler l'écheveau d'un mariage à douze? Les
célibataires, de l'aveu de tous, s'en tiraient mieux même si la
stabilité et la force du groupement reposaient sur les couples.
Denise et Barbara, amazones férues de libération féminine,
jouaient leur rôle avec application et pardonnaient aux
hommes de se servir d'elles à condition qu'il n'y en ait pas
qu'un seul. Elles refusaient d'appartenir à quelqu'un. Barbara,
qui parlait mieux l'allemand que le français, avait connu les
hippies de la Californie et gardait la nostalgie de leurs auberges
où l'on cultive un rang de navets en échange d'un souper.

Gaston surnageait: "J'étais arrivé là malheureux, après une dépression. On me laissait faire. Je suis resté. Mais on n'était pas assez nombreux."

Aujourd'hui, l'expérience est terminée. Ou plutôt arrêtée. Les douze "époux" sont séparés, de corps et de biens, et repartis, chacun de son côté. Ils ont reformé des couples traditionnels, gardant comme héritage chacun son morceau de dettes, environ 1 000 dollars, quelques objets, et l'idée que les choses auraient pu tourner autrement.

Je disais à Mireille: "Je ne vous vois pas fêter vos noces d'or. Cinquante ans de mariage collectif! Quinze petits vieux à se bercer sur le balcon, sur Sherbrooke!" "Au contraire, réplique-t-elle, nous avions hâte d'être vieux, pour parler de tout ce que nous aurions fait."

Roger, malgré l'échec, malgré les colères sourdes, recommencerait: "Pas tout de suite, mais je recommencerais. Je suis resté sur ma faim. Nous n'étions peut-être pas les gens qu'il fallait. Je continue à croire qu'il est plus facile de s'épanouir dans un groupe. Sans groupe, on survit seulement. Mais il faudrait éviter des erreurs, s'installer à la campagne, où l'on se resserre beaucoup plus les uns les autres. La ville bouscule, elle accapare. Il faudrait aussi limiter le nombre de membres du collectif, éviter les différences trop prononcées de formation, de condition sociale ou intellectuelle, les différences d'âge surtout."

Cette question d'âge, tout le monde la soulève. Tout le monde souligne que les communes sont généralement formées de jeunes, alors qu'il faudrait au contraire, pour qu'elles réussissent, les former de gens d'un certain âge, qui veulent refaire leur existence: "Les jeunes veulent sortir, ils éparpillent leur affectivité, ils se partagent entre le mariage collectif et les tchommes."

La question d'âge est étroitement liée à celle de la jalousie. Dans les querelles à propos des femmes, entre un homme de vingt ans et un autre de quarante, on voit se profiler toute l'opposition entre les patriarches et les jeunes guerriers, entre le vieux chevreuil et les jeunes mâles qui veulent lui rompre les bois. Et il y a le dilemme du leadership: pas assez c'est le danger de la dissolution, trop c'est le retour à la tribu, la négation même de l'idéal libertaire et égalitaire que recherchent les communards.

Denise et Jocelyne ont tiré d'autres leçons de leur expérience. Pour Denise, il faut tenir compte des couples: "La seule chose qui résiste, ou ce qui résiste le plus longtemps, dans un groupe comme le nôtre, c'est le couple. Ça ne devrait pas, mais c'est la solution facile. Chez nous le couple n'était plus la cellule première de la société, mais il était devenu la cellule de base du collectif! On n'en sort pas: marié ou célibataire."

Jocelyne: "C'est une question de sexe. Les liens entre les filles sont faciles, entre les hommes et les femmes aussi, ça va bien. C'est entre les hommes que tout casse. Il n'y a pas d'affection, rarement de l'amitié. Pour qu'une commune marche, il ne faudrait pas que les hommes se voient."

Le problème pratique qui consiste à trouver enfin les personnes idéales, avec lesquelles une commune pourrait fonctionner, Roger croit désormais savoir comment le résoudre:

— Il faut se donner du temps, attendre, observer les gens que l'on rencontre, et prendre des notes.

— Ils sont déjà dans ta commune, et ils ne le savent pas encore?

— C'est ça.

— Tu triches. Tu décides pour eux, tu deviens un *deus ex machina* tout-puissant, le contraire d'un égal.

— Oui, mais ce qui équilibre les choses, c'est qu'il y a peut-être quelqu'un qui me surveille, moi, et qui m'inclut dans ses plans.

Il rit pensivement. Comme ses amis — ils le sont restés (ou redevenus) et venaient de se rencontrer, aux premières neiges de l'hiver, quand je les ai vus — il rejette la commune facile, celle qui s'ancre sur un idéal politique ou spirituel, organisme plus durable, mais où l'on est moins libre. Il admet qu'il est plus aisé de former une commune autour d'une religion, d'un métier, d'une ferme, de la musique, d'un atelier de poterie: "Ça fait de quoi se lancer à la tête quand les choses vont mal, mais ces formes de mariage collectif mettent une idée abstraite, ou un rôle, en avant de la notion de bonheur individuel. Ce serait la négation de ce que nous cherchions, qui était un moyen de garantir le bonheur de chacun."

C'est le philosophe, Jacques, qui a le dernier mot: "Nous sommes tous recasés, nous avons payé nos dettes. La plupart d'entre nous ont gardé leur vieux rêve, pris de l'expérience. Plusieurs vivent à la campagne, dans de grandes maisons, avec de l'espace, des animaux. Chacun a de quoi faire une commune neuve... Mais j'ai l'impression que la vie n'est plus faite comme ça."

NOTES
POUR UNE LIGNE POLITIQUE

L'EMPEREUR
ET LE CHINOIS MOYEN

(*Le Maclean*, mars 1975)

S'étant laissé dire, par ses mandarins, que le Fleuve Jaune n'avait pas inondé les campagnes parce que les shamans de l'eau avaient bien récité les bonnes prières, l'empereur de Chine K'ang-Hi (1662-1722) écrivait:

"J'ai fait afficher partout cet édit stupide d'un ministre où il dit que ce phénomène fortuné est un miracle des dieux du fleuve, dû principalement à ses propres efforts. En vérité, ses simagrées n'y sont pour rien: c'est qu'il n'a pas plu depuis six mois dans les montagnes... Mais que penserait-on du Seigneur du monde s'il ne donnait pas à son peuple des raisons de son malheur?"

Encore heureux qu'on le laissât voir l'état du ciel. K'ang-Hi était enfermé dans un palais qu'il était interdit de regarder, coupé de "son peuple" par une nuée de mandarins, de fonctionnaires, d'archivistes, de calligraphes et de peintres qui lui permirent, entre les chasses à l'ours, au tigre, au sanglier et des guerres à flèche-que-veux-tu contre les Dzoungares et les Russes, d'écrire mille ouvrages, de faire 40 000 poèmes, d'apprendre une pièce de clavecin, d'engrosser 300 concubines et de discuter avec les Jésuites d'astronomie et, dit-on, de sociologie du banditisme.

Assez ri des Chinois. D'ailleurs, l'Empereur ne régnait pas. On l'avait fait pharaon, dieu, pour mieux lui enlever tout pouvoir réel. Il était le mythe cosmique, le principe organisateur, en un mot la simple garantie de l'autorité des mandarins bureaucrates. Avec ce mot, nous voilà revenus en pleine modernité.

Qu'étaient ces gens qui entouraient Nixon? Ces commissaires qui orientent et réorientent le Poliburo? De quelle autorité Kissinger, le mandarin volant, tient-il la sienne? Et dans le concert des prophéties contradictoires, les chefs d'Etat occidentaux se demandent à quel shaman-économiste se fier. Isolés dans leurs palais XVIIIe ou leurs bunkers par la meute des augures: conseillers, ambassadeurs, publicitaires et coiffeurs, ils compensent leur isolement par le désir du bain de foule, la manie du sondage ou le "trip" futurologique.

D'où vient la lubie de Jean Drapeau de faire marcher les gens sous terre et de laisser rouler les voitures au soleil? De son shaman l'urbaniste Vincent Ponte, ou du fait de vivre en limousine climatisée, d'aéroport en sous-sol de palace? S'il marchait, mains dans les poches, le vendredi soir, rue Sainte-Catherine, il saurait que "sa ville" est devenue sale, puante, et qu'on s'y sent de plus en plus une souris dans un entrepôt plein de grandes caisses...

Et ces ministres en Cadillac, comment savent-ils l'état des routes? Eux qui visitent les parcs en hélicoptère, comment devineraient-ils que la nature est inaccessible, et le loisir un creux entre deux journées de travail? Quand ils sont malades, combien de mois le médecin les fait-il attendre? Pourquoi leurs fils et leurs filles fréquentent-ils les écoles privées? Pourquoi ne vivraient-ils pas comme le reste des citoyens? C'est cette question qui se pose, bien davantage que celle de savoir si leur récente augmentation de 45 p. cent est justifiée.

Les peuples, les nations de ces gouvernants sont des peuples, des nations de papier. De la statistique. Du PNB. Du taux de chômage. Et eux se terrent dans les bunkers, derrière leur garde prétorienne, devinant qu'ils sont bien loin de leurs commettants. Ils se préfèrent leur légende, c'est-à-dire leur image, fabriquée de toutes pièces par ces nouveaux poètes de cour que sont les conseillers en communication. Pompidou, mourant, le cachait aux premiers intéressés, convaincu d'être devenu l'Etat.

A l'Elysée, pourtant, il faisait de la poésie, comme K'ang-Hi. Il s'ennuyait. Et Giscard la nuit fait la présidence buissonnière, pour voir les éboueurs de Paris. Ses meilleurs ministres auront été des amateurs, des femmes, fraîches émoulues de la vie, avec des idées cueillies loin des partis.

Tel qui conduisait son tracteur il n'y a pas cinq ans, ne sort plus qu'en costume rayé de ministre. Tel autre fait installer chez lui une piscine qui coûte plus d'argent que n'en reçoit à pareille fin un gros village en cent ans. Ils riraient bien du roi de Suède, ce minable qui marchait de son appartement à son bureau.

Quand on s'est fait un peuple de papier, il y a la tentation de le faire sauter comme une marionnette. A ces gens, que l'on ne voit pas, que l'on n'écoute pas, on n'expliquera rien: on vendra des décisions, des projets, comme on vend du savon, par les techniques de la publicité. C'est le "symphorianisme" triomphant. Et on distribuera les mauvaises nouvelles selon la technique du salami: par tranches. Le ministre des Finances, convaincu que les Olympiques vont coûter trois quarts de milliard, écoute en souriant Jean Drapeau lui revendre 500 millions des Jeux usagés qu'il avait déjà achetés 225 millions!

On ne dit pas aux gens: je vous ordonne d'être libre. La liberté, c'est le savoir, et par conséquent, l'information. Mais les mandarins, l'Etat, cette Bureaucratie Ltée, ont toujours raison, que ce soit au nom de l'Empereur, de la Constitution, de la rationalité budgétaire et du PPBS, ou du centralisme démocratique et de la dictature du prolétariat. Devins, shamans et sacerdotes ne convient personne à la participation démocratique; ils exigent l'acte de foi, ils font les bonnes prières. Le prix est lourd. Varga, commissaire du peuple aux Finances en Hongrie en 1919, réfugié par la suite en URSS, faisait le lien entre la répression de l'expression et l'inertie sociale:

"La propagande idéologique officielle provoque fatalement chez de nombreux citoyens l'indifférence et la dégradation idéologique, le scepticisme et parfois même le cynisme..."

Il faut regarder la pluie ou le soleil, pas les oracles. Et déshabiller l'Empereur. C'est la façon de garder le pouvoir au niveau du Chinois moyen...

WÔ L'ÉTAT

(*Le Maclean*, janvier 1975)

Comment réformer une "communauté" urbaine stérile sans d'abord détruire, peut-être contre son jugement et inutilement, une administration municipale adéquate?

Comment se débarrasser d'une commission scolaire régionale sans voter du même coup, peut-être pour rien, contre une commission locale probablement compétente? Comment intervenir dans l'action et la vie du cégep régional? Comment empêcher le gouvernement d'éliminer d'un trait de crayon une douzaine de villages pour créer un aéroport, une autoroute, un barrage ou, plus bêtement, des clubs privés...

Les citoyens, qui n'ont jamais eu beaucoup de pouvoirs, en ont de moins en moins. La création, dans plusieurs secteurs de la vie publique, de sociétés d'Etat, de corporations à but non lucratif, de tribunaux administratifs non spécialisés, et l'abandon de pans complets de la chose publique à des machines qui échappent à tout contrôle direct, participent d'une tendance systématique à empêcher le recours politique contre la mauvaise administration, à éloigner les masses du pouvoir, à réduire la démocratie à un rite quadriennal sans importance véritable.

C'est toujours au nom de l'*efficacité* que l'Etat met ces états-tampons entre l'électeur et lui. Et c'est bien les seules fois où ce monstre d'ineptie, de lenteur et de gabegie qu'est devenu notre Etat se mêle d'efficacité.

Efficace, ce système scolaire incapable d'enseigner les rudiments de leur langue et les grandes lignes de leur histoire aux futurs citoyens, ces écoles qui fabriquent les drop-outs par pleines promotions, comme pour mieux faire valoir le recours à l'enseignement privé? Efficace, ce ministère de l'Immigration sans pouvoirs? Efficace ce ministère du Travail sous la houlette duquel le syndicalisme est devenu le champ de bataille de mafias auxquelles les partis, et l'Etat lui-même, s'inféodent? Efficace cette commission d'enquête contre le crime où l'on ne semble guère pressé d'aboutir? Efficace, ce ministre de l'Agriculture qui n'a pas encore trouvé le moyen, en cinq ans, de protéger les terres agricoles de la spéculation? Ce ministère qui laisse disparaître les agriculteurs, quitte à les

anesthésier d'une subvention quand les épandeurs de fumier
approchent trop des pelouses ministérielles? Efficace, l'Office
de mise en marché des oeufs?

Efficace, la Commission d'assurance-chômage, en guerre ou
en complot permanent contre ses bénéficiaires? Efficace, la
Commission du salaire minimum, qui n'a trouvé les moyens
d'enquêter l'an dernier que sur 9 000 cas d'infraction à la loi?
et qui condamne les coupables à 25 dollars d'amende...

Efficace, la Société de développement de la Baie de James,
qui a signé avec Bechtel les contrats que l'on sait? Et sa
marraine   l'Hydro-Québec   qui   nous   prépare   cinq
augmentations annuelles consécutives d'au moins dix pour
cent pour financer des projets dans lesquels le premier
ministre, efficace lui aussi, s'est lancé à l'aveuglette, sans
études préalables, sans idée du coût final (déjà multiplié par
quatre)? Efficaces, ces ministres des Finances dont l'un
diminue les impôts pour relancer l'économie, alors que l'autre
en profite pour occuper le champ d'imposition? Efficace,
cette façon qu'ont les pouvoirs de négocier au bord de la crise,
après avoir poussé leurs fonctionnaires, pompiers, enseignants,
chauffeurs d'autobus dans l'illégalité?

Efficaces, le BAEQ, l'OPDQ, la SOQUIP, la SGF, la CIC, la
SDI? Efficace, Paragon? Sans doute...

Efficace, ce système électoral qui assure 95 pour cent de la
représentation   à   la   moitié   de   l'électorat?   Cette   carte
électorale   taillée   à   l'ordinateur,   sans   souci   des   frontières
géographiques,   sociales,   communautaires,   historiques,
humaines en somme? Efficaces, les contrats sans appels
d'offres pour les installations olympiques? La procédure
d'expropriation, à Sainte-Scholastique comme à Forillon ou à
Couchibougouac? Efficace, cet Etat qui laisse Bell Canada

plumer davantage sa clientèle malgré des profits déjà plantureux?

Quand j'entends parler de culture, disait Goebbels, je sors mon revolver. Quand nous entendons l'Etat parler d'efficacité, sonnons le tocsin, ou courons aux abris.

Cette efficacité, c'est celle qui facilite la vie des bureaucrates. Exclusivement. On n'a pas assez vu que la réduction par 90 pour cent du nombre de commissions scolaires, par exemple, n'a pas été faite pour répondre au désir des populations ou pour améliorer la pédagogie, mais parce que le service des finances du ministère de l'Education, perpétuellement en retard dans l'étude et l'approbation des budgets, faisait mettre le ministre au pilori chaque année. Cet émondage a été accompagné d'une opération de mise en place "d'ateliers pédagogiques" (devenus comités d'école) pour lesquels il n'y avait même pas de responsable au ministère! Et le regroupement des villages gaspésiens, des tribunaux, des services de santé! Efficacité qui permet aux bureaucrates de rester bien au chaud au lieu de se trimballer dans les concessions...

Comme on n'avoue pas tant de paresse, la bureaucratie qui prépare ces réformes et les présente aux élus comme des nécessités, pas comme des choix, s'avance masquée sous les apparences de l'Etat, un Etat qui serait préexistant aux citoyens, que le dictionnaire nous dit d'écrire avec une majuscule et qui, ayant accaparé cet attribut de la divinité, ne tarde pas à s'arroger aussi sa toute-puissance, son omniscience et sa prétention au respect. Pour rester dans les marécages de la théologie, on peut regretter qu'il n'emprunte pas aussi son sens de la justice.

La vérité, c'est que d'état avec un petit e, un état-serviteur comme on en trouve dans les social-démocraties, un état qui serait simplement le peuple organisé, nous n'en avons guère. Il suffit que les pompiers se conduisent comme de vulgaires médecins spécialistes, ou qu'une neige un peu plus lourde nous tombe dessus pour constater que la nation organisée, c'est un rêve, et qu'à être matraqué, on ne songe guère qu'à matraquer à son tour et à tirer son épingle du jeu.

La vérité, c'est que l'Etat pharaonique ne recourt à l'efficacité que pour mieux assurer son salut contre le nôtre, pour mieux vaquer à ses petites affaires: convenance des bureaucrates, passions des technocrates, intérêts des patronocrates. Tous n'ont qu'un intérêt commun: empêcher le citoyen de les empêcher de danser en rond.

Le vote récent des Montréalais indique peut-être que l'étatisé en a marre. Le sondage de novembre qui montre qu'après un an de pouvoir le gouvernement est usé, vidé, est une autre indication. Il n'est pas évident que les oppositions de rechange soient plus conscientes que le citoyen a davantage besoin de se faire écouter que de prendre des ordres: le Parti québécois s'irrite souvent de cette "maison de fous" qu'est le fédéralisme et nous explique qu'un Etat unique serait plus *efficace*. Encore.

Serait-il plus démocrate? Une des rares colères qui se soient manifestées ici depuis une décennie venait des coulisses créditistes. Les exterminateurs électoraux de Paul Desrochers ont vu à noyer cette bête-là. Et on ne sent guère au PQ le besoin d'aller faire le plein des "non-instruits".

Il n'est pas question de combattre l'Etat, et de faire le lit des intérêts privés. Depuis une quinzaine d'années, les Québécois ont beaucoup travaillé pour se construire un pays.

Mais il n'est pas certain qu'ils se soient suffisamment interrogés sur ce que devrait être leur Etat.

LES DISEUSES DE BONNE AVENTURE

(*Le Maclean*, novembre 1975)

Maintenant, pour l'avenir, on s'en remet au professeur Gazon ou aux astrologues. Le calendrier, les cartes, la main, c'est moins salissant que les entrailles de poulet dans lesquelles l'haruspice romain prétendait voir les lendemains.

Mais ce n'est là que futurologie au détail. Pour le commerce de gros, celui que pratiquent les gouvernements, on consulte plutôt l'économiste.

Il ne s'agit pas ici de déterminer la qualité prophétique des techniciens du Produit national brut ou des chantres du taux d'escompte à 11 pour cent, mais de considérer la futilité de leur démarche. Non seulement la précision de l'oracle économique est-elle inversement proportionnelle à sa distance dans le temps — ils nous disent que la récession achève quand nous en sommes sortis, ils craignent l'inflation qu'elle nous étouffe déjà — mais leurs conseils sont contradictoires. Un seul d'entre eux aurait-il pressenti, il y a cinq ans, la crise de l'énergie et des ressources, que sa voix se serait perdue dans la cacophonie des engueulades keynesienne, néo-interventionniste, libre-échangiste ou marxistes de toutes chapelles.

Non seulement les devins se contredisent-ils, mais la
divination n'est pas une façon de gouverner. Gouverner, c'est
prévoir, d'accord. Ce n'est pas deviner. Le recours unique aux
prophéties garde les hommes politiques en dehors de toute
volonté politique. On ne nous dit toujours que cela: voilà la
société que nous aurons, et non pas ceci: voici la société que
nous voulons faire. Que la chute de la natalité se poursuive, et
qu'on le sache d'avance, les guerriers du profit à tout prix
décideront de ne pas investir dans les conserves pour bébés.
Que les multinationales aient besoin demain de refuges du
laisser-faire comme le Québec, cela n'annonce aux patronneux
qu'un fameux volant de corruption et des jobs d'émissaires
bilingues entre les conquérants et les indigènes. Pas un dessein
politique.

Il y a 20 ans, la révolution tranquille en gestation a séparé,
au Québec, l'Eglise de l'Etat. Jusque-là, les choses se faisaient,
les structures se créaient, les gens s'assemblaient au gré des
besoins de l'Eglise ou selon les canons pontificaux. Mais
l'esprit religieux devient hérétique, pas athée. Il se convertit,
il n'apostasie pas.

Les Québécois ont embrassé l'économisme avec d'autant
plus d'ardeur qu'ils s'étaient trop peu souciés, croyaient-ils,
des affaires et attribuaient leur peu de richesse à leur manque
de foi financière. Qu'ils aient choisi comme leader un homme
qui faisait profession d'économisme ne doit pas étonner. Ils
ont en même temps adopté les rites du profit net et
l'orthodoxie de la rentabilité.

On choisit donc son avenir politique, social, culturel, en
fonction de la capacité de faire du profit. On rêve d'un
gouvernement "d'hommes d'affaires" imperméable à la
passion, donc à la corruption, qui piloterait vers le million

possible un petit peuple libre d'angoisses et de soucis, dans le Boeing du capitalisme international.

Boeing ou autobus, ce véhicule est un "nowhere". Faute de poser une question *politique:* qu'est-ce qui est socialement et culturellement souhaitable, et comment le réaliser? Faute de poser cette question, on ne projette que le statu quo, l'ombre du présent sur le mur de 1990. La projection économique érigée en absolu détruit la liberté du citoyen de choisir son avenir.

Qu'est-ce qui est rentable? Et pour qui?

Subventionnons-nous les multinationales de nos propres épargnes pour augmenter notre bien-être ou pour garantir aux vicaires de l'ordinateur le maintien d'un taux d'investissement considéré comme un signe d'état de grâce?

Pour le "nouveau" ministre des Richesses culturelles, Jean Cournoyer, qui ne s'annonce guère mieux que "l'ancien" ministre du Travail, il faudra choisir entre l'économie et l'environnement. Si vous ne voulez pas la peste, vous aurez la famine! On lui conseille d'aller voir comment les Autrichiens réussissent à se chauffer à l'électricité, à 90 pour cent, en préservant admirablement leur milieu...

Les garderies sont-elles rentables? L'école a semblé l'être, nous avons construit des écoles. L'agriculture l'est moins que l'agrobusiness, vous vendrons nos terres. L'urbanisme est-il payant? Sûrement moins que la spéculation. La pollution est rentable, du moins pour les pollueurs, nous en aurons donc. Nombre d'activités économiques profitables sont socialement nocives. La criminalité est une activité hautement lucrative.

Les vieillards sont-ils rentables? Les Indiens, eux, ne le sont plus.

Et les Québécois? Sont-ils rentables? A Danville, le premier

ministre, Robert Bourassa, disait à ses disciples qu'il nous
faudra peut-être choisir bientôt entre la culture et la
rentabilité.

Se demande-t-on si l'Angleterre est rentable? Et les Anglais
vont-ils choisir entre leur culture et leur niveau de vie? Leur
premier ministre est pourtant, lui aussi, économiste, mais
d'Oxford plutôt que d'Harvard, c'est-à-dire de chez lui plutôt
que de chez un voisin un peu conquérant.

La France est-elle rentable? Et la Suisse? Et Israël? Et les
Vietnams?

La notion de rentabilité est une notion commerciale. La
volonté politique est une tout autre chose. Prendre l'une pour
l'autre, surtout pour un petit peuple, c'est se condamner à
l'inexistence.

Les premiers économistes se sont vu refuser l'entrée
d'Oxford. On ne les tenait pas pour des savants, mais pour
des serviteurs utiles quelquefois. Lord Keynes, lui, espérait
que l'économie deviendrait une occupation modeste,
"comme la dentisterie", disait-il.

Un peu comme Karl Simpson, professeur de Sciences
économiques à Chicago? "Ce clergé de l'économie n'a de
pouvoirs que ceux que lui prêtent les gens ordinaires. Quand
les politiciens et les hommes d'affaires auront fini leurs
génuflexions devant les devins et les shamans qui encombrent
notre profession, nous serons libérés des effets abêtissants du
dogme et pourrons retourner à des études sérieuses."

Ce n'est pas la première fois que des peuplades ignorantes
transforment en oracles les visiteurs les plus ordinaires et en
religions les commerces les plus simples.

LES MAINS PROPRES, PROPRES, PROPRES

(Le Maclean, juin 1973)

Les Indiens forment, avec les fous, les enfants et récemment encore les femmes, une classe de population que l'on n'écoute pas, parce qu'elle ne sait pas ce qui est bon pour elle. Leurs droits sont différents, c'est-à-dire moindres. On peut décider pour eux, ils appartiennent à quelqu'un. Des gens sans papiers.

Si les Souriquois qui ont accueilli Jacques Cartier avaient pu montrer aux argousins du roi de France, outre un permis de circuler en forêt, une carte d'assurance sociale, des titres paraphés chez le tabellion attestant leurs droits sur l'Amérique depuis Charlemagne, Cartier n'aurait pas planté sa croix. On n'imagine pas l'Europe conquise et colonisée par des Hurons: nous avions, nous, des papiers.

Et Cartier ne plantant pas sa croix, il nous aurait fallu, pour prendre leurs terres aux Indiens, acheter, soudoyer, tromper, recourir aux méthodes ordinaires du business plutôt qu'à la spoliation, qui relève davantage du domaine de la guerre, ou dire comme Pierre Elliott Trudeau, à Vancouver en 1969, que les traités "ne sont pas forever". Le résultat aurait été le même, mais nous serions conscients que nos biens ne sont pas un patrimoine.

Jusqu'à présent, nous avons prétendu échapper, comme peuple, à l'opprobre que nous distribuons volontiers aux Américains: le Dr Ferron nous a expliqué que Louis Hébert n'a pas trouvé de sauvages dans la vallée du Saint-Laurent et que pour le reste, l'assimilation s'est faite par la croix et la couchette plutôt que par l'école et le fusil.

Notre vocation d'agriculteurs placides a fait en sorte qu'il reste près d'ici, contrairement au reste de l'Amérique, des Indiens à l'état de nature, qui ont échappé au système des réserves et capables de vivre sans nos lumières, sur des terres qu'ils affirment ancestrales. Nous affrontons le problème indien cent vingt-cinq ans après tout le monde. Et l'affrontement ne se produit pas à Wounded Knee sous les yeux des policiers et de la télévision, celle-ci tempérant ceux-là, mais aux marches du Québec, dans des confins où pas un Québécois sur mille, pas un ministre sur vingt n'a jamais mis le pied. Et c'est aujourd'hui qu'il faut décider ce que nous sommes et choisir entre la guerre et le droit des gens.

Les Indiens cris de la Baie de James ont entrepris de se défendre. En mai dernier, leur procureur a déposé en Cour supérieure des demandes d'injonction pour faire cesser les travaux en cours dans leur domaine, contestant la constitutionnalité de la loi créant la Société de développement de la Baie de James.

Le droit, qui règle les rapports humains, est une chose, la politique, qui organise l'action collective, en est une autre. Les tribunaux décideront de ce qui est légal et constitutionnel. Il n'est pas besoin d'attendre leur verdict pour choisir des règles éthiques et se mettre du côté de l'équité.

Les questions que n'a pas posées le gouvernement du Québec, pour ne pas avoir à y répondre, ne sont d'ailleurs pas toutes juridiques. Vaut-il mieux exploiter les fleuves du nord ou conserver intacte pour les Québécois la dernière grande réserve sauvage de toute l'Amérique du Nord? L'électricité des centrales thermiques ou nucléaires serait-elle plus

économique que celle des chutes et des rivières lointaines?
Préfère-t-on garder les emplois ici ou les exporter sous forme
d'énergie électrique ou d'uranium enrichi? Est-il sage de
vendre d'un coup des ressources énergétiques de plus en plus
rares? Le problème n'en est pas un que d'exploitation, mais
aussi d'utilisation des ressources.

Comment pourrions-nous en juger? Monsieur Bourassa
cache soigneusement les dossiers, n'en révélant que ce qui
l'accommode, généralement trop tard. En cela comme sur à
peu près tout ce qu'il a entrepris depuis son arrivée au
pouvoir, il gouverne à la cachette. Il ne parle pas des non-
instruits comme son mentor Jean Lesage, mais applique fort
bien le concept.

En régime de suffrage universel, il n'y a de "non-instruits"
que les citoyens qu'on néglige d'instruire. Dissimuler un
dossier sous prétexte qu'une question est technique, c'est
choisir la technocratie. C'est ce que Maurice Duverger appelle
la démocratie sans le peuple. Nous n'avons pas élu l'Hydro-
Québec. En technocratie, on ne fait pas voter les gens, et on
ne leur fait pas payer de taxes.

Le malheur de monsieur Bourassa, c'est qu'il est un faux
mou. D'où il ne découle pas nécessairement qu'il soit un vrai
dur, comme son prédécesseur Duplessis, qui faisait ce qui lui
plaisait, quitte à tordre quelques bras. Notre premier ministre,
lui, dissimule ce qu'il veut, pour éviter de susciter et d'avoir
à affronter les oppositions. Sous son indécision et sa mollesse
apparentes, il ne change jamais d'idée. Il lui suffit de louvoyer
assez longtemps. Un problème dépassé est un problème réglé.
Mort le malade, morte la maladie.

Quand il fut temps de collectiviser, cinquante ans après
tout le monde, le réseau d'électricité, ou de se donner un

ministère de l'Education, on osa demander aux Québécois
leur avis. Ils étaient concernés, ils s'instruisirent et montrèrent
qu'ils pouvaient comprendre rapidement des problèmes
complexes et les trancher dans le bon sens, en dehors du
patronage et des privilèges. Ce fut une époque brève, entre la
fin de l'autocratie et le début du fafinage, où les Québécois,
appelés à donner un coup de collier pour prendre en mains
leur   avenir,   consentirent   d'énormes   sacrifices.   Enfin,
croyaient-ils, on les gouvernait. Aujourd'hui, on les manipule.

Ce qu'il faut offrir aux gens, c'est de choisir leurs priorités
et le genre de développement qu'ils désirent. Si cette sacrée
"économie" ne décolle pas, malgré toutes les galipettes du
premier ministre avec ITT, les Rockefeller, les Rothschild et
autres Simard, malgré le "climat" que l'on s'ingénie à
"apaiser" à grand renfort de lois réactionnaires et de centralisation bureaucratique, c'est qu'on ne fait pas de développement sans un minimum de participation et d'enthousiasme
populaire, encore moins contre l'intérêt collectif.

On ne s'attend guère d'un homme qui joue à la cachette
avec ses propres électeurs qu'il consulte des peaux-rouges. Au
lieu de discuter honorablement avec eux les termes des
marchés à conclure, des valeurs à préserver, de la participation
à assurer, en des termes acceptables à tous, il les a poussés par
son impolitesse à recourir aux tribunaux, ce qui fait sans
doute son affaire.

D'ailleurs, ces tactiques de camouflage ne sont pas
nouvelles: il y a un an et demi déjà, la Société de Développement de la Baie James rendait public le rapport d'experts
qui avaient survolé pendant quatre heures la région en toute
quiétude à quarante mille pieds d'altitude. Ce rapport
bêtifiant, qui aurait dû couvrir ses auteurs de ridicule, et qui a

d'ailleurs sombré, son rôle joué, dans un oubli mérité, était trop radical pour le président de la SDBJ: on l'accompagna d'un communiqué plus optimiste encore et qui le contredisait. La conférence de presse fut brève: quand on demanda à monsieur Nadeau s'il considérait l'entreprise comme un "joint venture" où les Indiens fournissaient les matières premières et les Blancs, la technologie, quitte à se partager également les profits; quand on s'enquit auprès de monsieur Massé, ministre des Ressources naturelles, s'il entendait appliquer à ses électeurs d'Arthabaska les règles d'expropriation utilisées à la Baie de James, son collègue Goldbloom leva la conférence de presse en prétextant que tout le monde devait avoir une faim dévorante. Une faim de loups...

Ce que l'on attend du premier ministre, s'il persiste comme cela semble, c'est un simple petit discours empreint de franchise: "Vous voulez de l'électricité pour éclairer les maisons et les rues, faire tourner les usines et les brosses à dents? Elle est là. N'ayez pas peur des Indiens, ils ne sont que six mille. C'est eux ou vous."

Ce que l'on aimerait de Robert Bourassa, c'est qu'il cesse de raconter des histoires, de dire qu'il est possible de manger son gâteau et de le garder, de bouleverser un continent et d'en "préserver l'équilibre écologique", de bousculer les populations et d'éviter les conséquences.

Il faut savoir tout cela pour faire des choix politiques conscients et n'avoir pas à dire plus tard, si jamais la Baie de James devait devenir les Plaines d'Abraham des Cris, en même temps que notre mini-Viet-Nam à nous: "Nous ne savions pas."

LA METHODE ASSIMIL

(*Le Maclean*, mai 1974)

Selon Robert Bourassa, la décision de rendre officielle (après le Nouveau-Brunswick) une langue qui l'est déjà pour 85 p. cent de la population serait un avertissement. A qui? Et sous peine de quoi? On se le demande bien, d'autant plus que le premier ministre semble moins aimer avertir qu'être averti. On le voit à Londres, à New York, se faire doucement violenter par les barons qui téléguident les princes qui nous gouvernent et se laisser dire que ses sujets-nègres sont trop syndiqués, trop bruyants, en un mot trop français.

Depuis six ans que dure le débat sur la langue, non seulement n'a-t-on pas de réponse, mais on semble plus loin que jamais de poser correctement les questions. Le seul côté positif de cet ergotage stérile aura été de montrer comment la passion étouffe la logique, et que la vertu politique ne se trouve pas toujours dans le juste milieu des demi-mesures. Pour peu que les contradictions de ministres qui semblent faire partie de gouvernements différents permettent d'entrevoir quel oeuf on couve, il semble qu'on se soit décidé à envoyer à l'école française les enfants des immigrants ne parlant pas l'anglais, du moins tant qu'ils auront le malheur de ne pas être citoyens canadiens.

Dans leur empressement à remercier leurs électeurs des comtés anglophones de l'ouest montréalais, nos ministres réfugiés oublient même de compter, ce qui était pourtant, paraît-il, leur spécialité. L'immigration provenant désormais pour l'essentiel des Etats-Unis, de Grande-Bretagne, des

Antilles et d'autres contrées du Commonwealth, combien de nouveaux francophones temporaires cela fera-t-il dans les écoles? Quelques centaines, deux mille au mieux, estime-t-on chez ceux qui comptent encore.

Continueront d'aller au *high school* et de gonfler les rangs d'une minorité déjà "dominatrice et sûre d'elle-même", les fils et les filles des immigrants déjà arrivés, ceux des immigrants anglophones (qui sont, soit dit en passant, les plus riches et les mieux instruits: cela évitera de récrire le rapport de la Commission Laurendeau-Dunton) ceux qui naîtront après cinq ans de séjour de leurs parents, sans compter quelques dizaines de milliers de Canadiens français dont le droit de passer du côté du plus fort fait vivre à Chicoutimi, à Québec, à Trois-Rivières, à Laval, des écoles qui n'ont d'anglais que la langue d'enseignement. On aura un Québec anglophone fait d'anciens Canadiens français, et une "Amérique française" faite de recrues rassemblées malgré elles. L'indécision et les dettes politiques de Robert Bourassa et François Cloutier réussiront ce que Durham avait raté.

Dans cette affaire, la logique est du côté des extrémistes, visibles ou transparents. Du côté, par exemple, des Italiens de Montréal qui affirment que, si l'on peut à bon droit traiter différemment des citoyens et des aubains, on ne peut trier les gens en fonction de leur origine ethnique sans frôler le racisme et qu'il faut appliquer les mêmes lois à tous, sans "distinction de race, de religion, de sexe" comme on dit. En somme, le choix est le suivant: garder le statu quo et la voie ouverte à l'assimilation, ou imposer à tous les arrivants, comme cela se fait partout, la même école, celle de la majorité. Pour ceux qui n'aimeraient pas cela, il existe en Amérique du Nord une soixantaine d'Etats de langue anglaise.

Les vraies questions se posent autrement: dans l'actuel équilibre démographique, social et économique, le Québec a-t-il besoin d'immigrants, et les moyens de les accueillir? Faut-il des écoles anglaises? Dans ce dernier cas, la réalité et l'histoire obligent le Québec; dans le premier, la juridiction lui échappe en partie. Ce qui relève de l'Etat québécois, cependant, c'est la détermination des programmes (on se plaît à ignorer que bien des gens fuient l'école française pour des raisons de climat religieux, de mentalité autoritaire, de qualité de l'enseignement, en particulier de la langue seconde) et la législation sur les diplômes (est-on compétent en quoi que ce soit en cette province si l'on ne parle pas couramment français?).

Mais le gouvernement libéral n'agira pas et tout le monde sait pourquoi. Nous en sommes au point où les lois ici se font et se défont en fonction de leur acceptabilité par la minorité anglophone, soit un "gros" quinze pour cent des habitants! minorité alertée par les bottés des Springate et savamment chauffée par les organes de propagande que sont le *Star* et la *Gazette* de Montréal. Quant à l'Assemblée législative, en la vidant de l'Opposition, les organisateurs libéraux l'ont vidée de tout pouvoir, même et surtout de celui de faire peur. Le pouvoir est désormais ailleurs, dans de secrètes officines, et le nouveau Parlement n'est qu'un gigantesque croupion francophone qu'agite un bien petit poulet anglo-saxon.

Il reste à monsieur Bourassa le loisir de faire de la culture (le folklore et le showbiz étant le refuge des Louis Armstrong et des Mohammed Ali de tous les pays) c'est-à-dire, en son cas, des mots. Ainsi de sa "social-démocratie", qui est à la vraie ce que le style "scandinave" de Woolco est au vrai meuble suédois.

Voilà en effet une social-démocratie qui camoufle des augmentations d'impôt dans l'accroissement des revenus, qui refuse d'indexer les dégrèvements au coût de la vie, qui évite de nettoyer la question de la sécurité des travailleurs et de réformer la Commission des accidents du travail, qui assiste (pour ne pas dire davantage) à la destruction des syndicats par des règlements favorisant les luttes intersyndicales et intestines, qui laisse les spéculateurs détruire les villes et dévorer la campagne, qui semble avoir décidé de "fermer" l'agriculture québécoise, qui n'a aucune politique d'aménagement urbain ni d'habitation, dont le budget oublie le développement des transports en commun, qui laisse massacrer par les sociétés minières et forestières les parcs existants et néglige d'en créer d'autres dont le besoin est criant, qui intoxique l'opinion publique à coups de cassettes et de *phone-in,* retient les rapports d'enquête et assiste sans intervenir à la concentration de l'information entre les mains de ses alliés et amis, qui sabote la législation canadienne sur l'avortement en fermant ou en menaçant les rares hôpitaux qui le pratiquent et en traînant devant les tribunaux, plutôt que les virtuoses de l'aiguille à tricoter, la poignée de médecins qui ont décidé de faire de l'avortement une intervention clinique propre et sans danger, qui n'a pour autant aucune politique familiale et qui subventionne davantage un enfant "placé" que laissé à sa mère, qui... qui... qui.

C'est vraiment l'asociale démocratie.

Quant à l'opposition, tournée à la fois sur sa droite et sur sa gauche (le pouvoir n'a pas eu loin à aller) elle n'a su, devant ce gouvernement qui fait du capitalisme pour les pauvres et du socialisme pour les riches (ITT a reçu plus d'argent à elle seule que le ministère de la Culture depuis sa fondation) que remettre le disque usé que nous entendons chaque année. Elle s'est plainte que le gouvernement ne lutte pas contre l'inflation, comme si Formidable Bourassa y pouvait davantage que Messieurs Nixon, Trudeau, Pompidou, Brandt, Wilson, Rumor ou même Olof Palme.

La seule inflation que monsieur Bourassa pourrait maîtriser, s'il le voulait, c'est l'inflation verbale.

TROIS FOIS PASSERA, LA DERNIÈRE...

(*Le Maclean*, novembre 1973)

On a écrit des livres, tourné des films sur les collectionneurs, de *Citizen Kane* à *la Vie étrange des objets*, du commissaire-priseur Maurice Rheims. Rien n'échappe à leur avidité: timbres, tableaux, vieilles bandes dessinées. Sans compter ceux qui collectionnent les femmes. Et nous en connaissons, bien sûr, qui collectionnent les journaux. On se demande d'ailleurs pourquoi: il est déjà si difficile d'en bien faire un seul, comment être satisfait quand on en publie deux douzaines... D'autant plus que l'opération, se tue-t-on à nous dire, ne serait pas toujours rentable et relèverait de la philanthropie, ce dont on nous permettra de douter. Un journal, même déficitaire, peut en d'autres secteurs économiques, par sa puissance politique, rapporter de copieux profits.

On a assez dit que l'essentiel de la presse québécoise sera

bientôt aux mains de deux hommes: messieurs Paul Desmarais et Pierre Péladeau. Et ce n'est pas faire injure à Monsieur Péladeau de constater que sa part du marché, si importante soit-elle, n'est ni la plus prestigieuse, ni la plus influente.

Ce que l'on voit n'est peut-être d'ailleurs que la partie visible d'un iceberg: par le jeu des prêts, d'argent et de personnel, des avances de fonds, des participations et des ententes, jusqu'où le pouvoir du Beaverbrook de la rue Saint-Jacques s'allonge-t-il, chaînes de radio, de télévision et publications mensuelles comprises?

La double opération qui se déroule depuis quelques mois, faite de la pince Desmarais dans le domaine du quotidien, et de la pince Francoeur dans celui des hebdos, semble d'ailleurs conçue pour casser le rival Péladeau: on procède lentement, avec de savantes stratégies: Roger Lemelin, éditeur de *la Presse* et fondé de pouvoir de Paul Desmarais, est grand amateur d'échecs et s'est déjà donné les gants d'affronter le champion du monde Bobby Fischer.

Ce genre de situation présente des dangers pour les journalistes (on me pardonnera de penser d'abord à ma confrérie), pour le public et pour l'Etat. Passons rapidement sur les périls de l'opération pour les journalistes; ils sont évidents. Est-ce que le reporter ou chroniqueur qui déplaît à monsieur Desmarais de Montréal réussira à se recycler chez monsieur Desmarais de Sherbrooke ou à plaire à monsieur Desmarais de Trois-Rivières?

L'Etat: il est fini, le temps où *l'Action* bleue contre-balançait *le Soleil* rouge, où *la Presse* écarlate compensait *Montréal-Matin* azur. Une semaine après sa vente au groupe Desmarais, ce quotidien du matin qui n'avait jamais eu en quarante ans un seul bon mot pour un politicien libéral titrait: *Trudeau contre l'inflation, lutte à finir!* Comment monsieur Bourassa pourrait-il résister aux pressions d'un monopole de l'information, lui qui manque déjà totalement du courage nécessaire pour avouer publiquement les dangers que suscite la concentration?

Problème politique et social: rappelons simplement que lors de la nationalisation de l'électricité, en 1962, Power Corporation, détentrice de forts blocs d'actions des sociétés nationalisées, s'opposait au projet du gouvernement. Elle ne possédait pas alors de journaux: est-on sûr que son entrée dans le domaine de la presse soit totalement étrangère à cette expérience, et que la nationalisation pourrait se faire encore aujourd'hui? Les consortiums font dans tous les azimuths: papier, verre, béton... A quelle sorte d'information faut-il s'attendre s'il faut jamais légiférer sur les courses des chevaux, le code du travail, la tenure des forêts, l'usage des ressources naturelles? Et qui prétendra que l'opération en cours contre Pierre Péladeau serait aussi déterminée s'il n'abritait pas dans ses gazettes le chef du parti indépendantiste?

Il devient, je l'admets, difficile de s'exciter là-dessus quand on voit la concentration de la presse se poursuivre, en Europe comme en Amérique, depuis des décennies, sans que personne y fasse rien. Les journaux à faible rentabilité ne survivent pas facilement. La publicité fait bon marché des fidélités: elle cherche le plus grand commun dénominateur et affame volontiers les petites publications. Comment empêcher les millionnaires et les grandes sociétés d'acheter tous les journaux qu'ils veulent ou de leur susciter des rivaux?

D'ailleurs, la concentration des entreprises de presse aux mains de fabricants d'automobiles, de meubles ou de feuilles d'acier m'apparaît aussi dangereuse qu'aux mains des Beaverbrook, des Thompson ou des Hearst. L'exemple de K. C. Irving, au Nouveau-Brunswick, est éclairant.

Il ne faut pas compter sur les gouvernements pour intervenir, je le crains. Ceux que nous avons sont si près de l'argent qu'on distingue mal où finissent les coalitions d'affaires et où commencent les partis. L'Etat est lui-même, en matière de communications et d'information — par Radio-Canada, Radio-Québec, Information Canada, les câbles, le CRTC, etc. — le monopoliste et le centralisateur le plus acharné que l'on connaisse. Et pour ce qui lui échappe, l'idée de se servir de la presse et de la télévision lui vient avant celle de les libérer. Jean Drapeau confiait une mission bien spéciale à la presse voilà vingt ans.* Aujourd'hui Paul Desrochers et Charles Denis court-circuitent à coups de bobines et de films publicitaires les journalistes de la presse parlée.

Une entreprise d'information n'est pas qu'une machine à faire des sous: elle a des devoirs envers sa clientèle et envers ses travailleurs. Et les droits de cette clientèle et de ces travailleurs ne le cèdent pas à ceux du propriétaire-patron. La construction des avions et des automobiles, la fabrication des médicaments et des aliments sont réglementées. On reconnaît déjà, sans avoir consacré le terme, des "propriétés privées d'intérêt public". Le téléphone, la radio, la distribution même du lait sont régis, pourquoi pas l'information?

Il est grand temps, et c'est peut-être la seule formule

---

* "Le journaliste est l'instrument fondamental par lequel les dirigeants peuvent communiquer avec le peuple... (il doit faire) un effort constant pour répandre dans le public la juste notion de la hiérarchie des valeurs" (*l'Action nationale*, février 1956, vol. 45, no 4).

efficace, que les associations syndicales et professionnelles aient une part déterminante dans la gestion des salles d'information. Ce que la Fédération professionnelle des journalistes du Québec, les syndicats, le Conseil de presse, les coopératives, les corps intermédiaires doivent protéger, c'est non seulement la rémunération et les conditions de travail, mais l'acte d'information.

La découverte, la mise en pratique et la protection législative de nouvelles formules d'autogestion ou de cogestion ne pourront se faire indépendamment de l'opinion publique. Sauver sa presse, comme protéger sa liberté, c'est un travail quotidien, une préoccupation constante. Il nous reste, pour quelque temps encore, le loisir de le faire. Le temps est peut-être venu, alors que se dessine un net mouvement en faveur de la création d'entreprises d'information coopératives (CTVO, à Hull, la coopérative de télévision de Montréal) et qu'il semble possible de donner au public un droit de regard dans la direction des grandes machines à informer.

A informer ou à tromper.

Ce n'est pas pour autant enlever leur pain aux propriétaires. Depuis longtemps, les actionnaires des sociétés se satisfont de dividendes et abandonnent l'exercice du pouvoir à des spécialistes; depuis longtemps les propriétaires se satisfont d'un bail. Il s'agit simplement, comme on l'a fait au niveau de l'Etat, de séparer les pouvoirs à l'intérieur des entreprises d'information.

ENRICHIR L'URANIUM ET LES AUTRES

(*Le Maclean*, novembre 1974)

Pour produire un seul, un unique kilogramme d'uranium
235, il faut toute la puissance combinée des sept centrales du
complexe Manicouagan-Outardes (Manic 1, 2, 3 et 4 et
Outardes 2, 3 et 4) pendant douze minutes!

Quand on parle d'installations pour l'enrichissement de
l'uranium, on ne parle donc pas d'usines comme les autres.

Depuis que Robert Bourassa a engagé le Québec dans
l'exploitation hydroélectrique des fleuves du bassin de la Baie
de James, dans les conditions que l'on sait, la rumeur persiste
que les considérables excédents d'énergie produite alimentent
une ou des usines d'enrichissement d'uranium.

Jusqu'à présent, le Québec n'a guère exporté d'électricité.
Si René Lévesque ou Daniel Johnson avaient tenté de le faire,
on aurait crié au scandale, à la dilapidation des richesses
nationales, et prié les étrangers de venir consommer le
kilowatt ici. La théorie classique veut que la présence d'une
énergie abondante et bon marché soit un moteur du développement industriel. L'Hydro-Québec, d'ailleurs, le reconnaît,
qui livre le courant à l'industrie deux fois et demie moins
cher qu'aux citoyens et même, techniquement, en bas du prix
coûtant.

En effet, l'Hydro a effectué l'an dernier des dépenses de
382 millions de dollars et payé 191 millions d'intérêts pour
produire 68 milliards de kilowatts-heure, soit un coût moyen
de 83 cents le kWh. Et ce même kWh, vendu en moyenne

1,54 dollar à domicile, est cédé à l'industrie pour 69 cents, et même à 24 cents quand il s'agit d'énergie dite excédentaire. Quant aux exportations, elles rapportent de 26 à 45 cents le kWh.

On se demande quel profit tirera le Québec de l'exportation d'électricité. Car enrichir de l'uranium c'est exporter de l'électricité. Ce fluide, qui se transmet si facilement, se transporte mal sur de longues distances, au contraire du charbon et du pétrole. La Commission américaine de l'énergie atomique estime que près du quart de l'électricité produite en 1985 se perdra sous forme thermique dans les systèmes de conversion et les réseaux de distribution. Désormais, cependant, la technologie nucléaire permet le transport de l'énergie, non seulement sans pertes, mais avec un gain considérable.

Le kilogramme d'uranium 235 produit (théoriquement) par le complexe Manicouagan-Outardes en 12 minutes ferait tourner des centrales nucléaires d'une puissance équivalente pendant une heure et demie, soit sept fois davantage! On devine les profits que pourraient tirer de l'opération certaines entreprises si l'énormité des moyens et des sommes nécessaires ne la réservait pas à des organismes d'Etat.

Cette opération de conversion et de transport de l'énergie est doublement coûteuse. Non seulement le prix d'une usine d'enrichissement, clés en mains, peut-il atteindre les trois milliards de dollars, mais les installations hydroélectriques requises sont colossales. Combien coûteront-elles, seul Bourassa et son coiffeur le savent. Peut-être la Baie de James et la basse Côte-Nord sont-elles les derniers endroits où l'on peut envisager de concentrer l'énergie suffisante. Pour cette raison, l'enrichissement de l'uranium est une industrie dite "capital intensive", c'est-à-dire qui se nourrit de capitaux plutôt que de main-d'oeuvre (labor intensive). Les usines, en effet, sont à peu près totalement automatisées.

Une aventure comme celle-là est-elle rentable pour le Québec? La preuve reste à faire. Les investissements devront, en tout cas, pouvoir s'amortir rapidement, les réserves mondiales d'uranium exploitable (concentration de 0,1 p. cent) étant estimées à 600 000 tonnes, soit 25 ans, ou moins que le pétrole!

Est-elle rentable pour un pays qui commence à peine à récolter la moisson de ses investissements en devenant le premier vendeur de réacteurs CANDU à l'uranium naturel, d'eau lourde et des technologies correspondantes?

Pourquoi imposer aux Québécois, de tous les peuples du monde, les investissements nécessaires? Dans les années soixante, les grandes sociétés multinationales faisaient construire les barrages géants dont elles avaient besoin au Ghana, en Guinée, au Mozambique, tablant sur la vanité de jeunes nations. Cette fois, les capitaux nécessaires dépassent les capacités de pays non industrialisés et le Québec, avec des ressources hydroélectriques inégalées en Amérique du Nord, s'avère peut-être une poire juteuse.

Et dussions-nous décider collectivement de confirmer notre vocation d'exportateur de produits non finis, d'ajouter l'électricité à l'amiante, au fer ou à la pâte chimique, pourquoi ne pas laisser les consommateurs d'U-235 faire eux-mêmes les investissements et nous satisfaire de royalties? La recette a bien servi les Albertains et les Arabes...

Tout ceci sans ajouter que la présence de grandes usines d'enrichissement d'uranium ferait du Québec la première des cibles en cas de conflit atomique entre bricoleurs de missiles!

Le projet Uranium est-il un miroir aux alouettes? Les zéros que l'on additionne pour faire des milliards donnent des orgasmes à certains, telle est la magie des chiffres. Mais notons que depuis quelques années, les grandes nations industrielles ont tendance à abandonner aux "sauvages" les saloperies dont elles ne veulent plus chez elles pour des raisons écologiques (port pour superpétroliers) ou parce qu'elles les trouvent trop onéreuses.

Le projet Uranium est-il un nouvel ITT, où le Québec doit tout fournir sans guère retirer de profits?

Personne n'a de réponse à ces questions: elles doivent être posées tout de suite, ouvertement et haut, de façon à permettre un débat public avant que nous n'engagions pour vingt-cinq ans la totalité des ressources économiques dont nous disposons, et qui pourraient faire cruellement défaut ailleurs. Peut-être est-ce l'occasion de créer l'Office de l'énergie dont le Québec ne dispose pas et en l'absence duquel toutes les décisions en ce domaine se prennent depuis quelques années à huis clos, selon la technique, chère au maire de Montréal, du "fait accompli", sans que nous ayons l'assurance que les lobbies de toute nature, omniprésents dans les couloirs du pouvoir, n'arrachent pas chaque fois le haut du pavé.

Qui s'instruit s'enrichit, disait-on? Qui n'apprend pas enrichit de l'uranium... et les autres.

TRUDEAU ET LES AUTRUCHES

(*Le Maclean,* mars 1976)

Au temps de la conquête du pouvoir, Pierre Trudeau lisait Machiavel. Aujourd'hui il lit, dit-on, Galbraith et découvre Schumacher. Connaissez-vous Schumacher? C'est la question que l'on pose dans son entourage...

Economiste d'origine allemande, Britannique depuis 1930, E.-F. Schumacher est le prophète de la pénurie, l'oracle du recyclage. Comme Ivan Illich, comme Barry Commoner, comme les dirigeants chinois, il proclame que pour voir grand, il faut désormais "penser petit". *Small is beautiful.* C'est le titre du livre à la mode non seulement au 24 Sussex mais chez plusieurs politiciens nouvelle vague, comme le gouverneur de la Californie, Jerry Brown.

Les récentes interventions télévisées du premier ministre ont excité les glandes des businessmen et des banquiers: ils auraient sûrement été frappés d'apoplexie s'ils avaient d'abord lu l'ouvrage qui inspire les réflexions actuelles du prince-philosophe: "Tout indique, écrit Schumacher, que la structure actuelle de la grande entreprise industrielle, malgré les lourdes taxes et les lois innombrables, ne conduit pas au bien commun!" Selon lui, il est simpliste de réduire la vie à une question de rentabilité; "naturelle" dans une petite entreprise où le patron travaille, la propriété privée est une forme de parasitisme dans les grandes sociétés où les propriétaires n'ont pas de fonction réelle; l'entreprise privée, enfin, qui passe subrepticement certains de ses coûts au grand

public et qui trouve profitables certaines activités "négatives",
n'est pas toujours rentable socialement!

Pis encore, Schumacher sape le fondement même de toute
technocratie — capitaliste ou socialiste: la croissance est
impossible au delà de 1980. Nos sociétés craquent sur trois
coutures: les ressources s'épuisent, la pollution étouffe la
planète, les structures politiques et technologiques sont
devenues opprimantes. Toutes les courbes montrent que nos
immenses pouvoirs actuels sont une illusion: nous brûlons
notre capital au lieu d'être les "bons fiduciaires de notre
héritage" comme dit Trudeau. Il nous faut apprendre à vivre
de nos ressources renouvelables. Schumacher, conseiller du
National Coal Board de Grande-Bretagne, avait annoncé dès
1960 la crise actuelle de l'énergie...

D'ailleurs, pour lui, toute société fondée sur la croissance
est incapable de bonheur parce qu'elle est, par définition,
incapable de "suffisance": "Quelle société riche a déjà dit:
Stop! Nous en avons assez! Aucune..." Et ceci: "La notion de
prospérité universelle est une foutaise."

"Nous devons explorer la possibilité, écrit-il, de vivre
différemment, avec de nouvelles méthodes de production et
de nouveaux modèles de consommation. Trouver un style de
vie fondé sur la permanence, des méthodes de production
agricole biologiquement saines... Il faut travailler pour la
satisfaction et non pour la paie, découvrir de nouveaux
modes de gestion... L'homme, excité par le développement de
ses capacités scientifiques et techniques, a construit un
système de production qui le mutile et qui viole la nature."

Il propose le concept de "technologie intermédiaire",
c'est-à-dire un niveau de technologie où l'investissement ne
dépasse pas le rendement, et accessible à toutes les sociétés.

La mesure actuelle de notre succès, le Produit national brut, lui apparaît comme une illusion statistique qui ne se "sent" pas dans la vie quotidienne, qui comptabilise également le lait et l'alcool, les naissances et les décès, du moment qu'ils rapportent.

Aux optimistes, qui disent toujours: "On trouvera bien quelque chose!" il répond qu'ils choisissent la loterie. Aux économistes, qui le renvoient à son rouet et à son potager, il affirme que "l'économie ne mesure que l'économie" ou, comme Galbraith, qu'il y a plus de sens économique chez les gens ordinaires que chez les économistes. "L'économie est une façon de voir qui enrichit les riches et appauvrit les pauvres!" "La politique économique absorbe l'attention entière des gouvernements et en même temps les rend de plus en plus impuissants!"

Là où Trudeau ne suit plus Schumacher, c'est sur le terrain politique. Pour le premier ministre, la situation nouvelle signifie que nous allons avoir "des gouvernements énormes". Pour Schumacher, c'est la technologie qui concentre le pouvoir (on a signalé qu'une société tirant l'essentiel de son énergie du nucléaire serait, par suite de la concentration du pouvoir nécessaire à assurer la sécurité, une société totalitaire). Selon lui, une économie de la permanence suppose une déconcentration de la technologie et une réorientation des structures de propriété. C'est la société qu'Aldous Huxley avait entrevue: "Il faut aider les hommes et les femmes à se libérer de leurs patrons, qu'ils deviennent autonomes, par la réorientation de la technologie, la déconcentration des marchés, la décentralisation de la population, des biens et des moyens de production, du pouvoir économique et politique."

Le plus inquiétant, ce n'est pas qu'on ait critiqué les

interventions inopinées du premier ministre. Il voulait ouvrir le débat: c'est fait. Ce qui est angoissant, c'est qu'on ait, dans tous les partis, dans les syndicats, dans l'entreprise, nié les problèmes qu'il signale au lieu d'examiner sur le dos de qui il entend les résoudre.

LA FIN D'UN PARTY

(*Le Maclean*, octobre 1975)

Rien dans l'Histoire n'approche de l'abondance des trois dernières décennies. Le revenu personnel a été multiplié par trois. L'Occidental a tout à portée de la main! les machines, l'odyssée annuelle, les cuisines exotiques, les stars au salon, la contraception, l'érotisme, les soins médicaux, un château à soi avec barbecue.

Il serait paradoxal que ce soit de ce sommet que nous plongions dans le fascisme qu'annoncent certains observateurs, comme le prieur de La Trappe ou le recteur de l'Université de Sherbrooke. Et pourtant, c'est principalement de cette affluence que naît le danger: nous savons qu'elle est précaire — la moindre fièvre économique précipite les Diafoirus du système dans une panique presque hystérique — nous savons aussi qu'elle est factice. Nous commençons à voir, enfin, qu'elle n'a pas résolu le problème de l'inégalité et de l'injustice.

Cette affluence est précaire. Ce dont bénéficie la grande masse des classes moyennes, depuis la guerre, c'est d'une expansion continue, sans précédent, mais fondée principalement sur la mise à sac systématique de richesses naturelles non renouvelables, plus particulièrement de l'énergie, et de l'exploitation d'un prolétariat international chez qui nous avons exporté notre misère.

L'énergie a été le moteur du développement de l'après-guerre. Il y a quarante ans, un Québécois consommait quatre fois plus d'énergie qu'un Africain ou un Sud-Américain. Aujourd'hui, la proportion est d'un à quinze! L'ère de l'énergie "cheap" comme on disait le "cheap labor" est finie. (Et nous n'avons encore rien vu comme restrictions: quel politicien osera, le premier, nous dire comment on chauffera nos hivers quand les puits seront taris?) Quant aux ressources, les prospectivistes en ont déjà mesuré les limites. L'inflation actuelle, en grande partie, est une réaction à leur rareté.

L'affluence actuelle satisfait une notion quantitative de niveau de vie, fondée sur la possession individuelle de biens matériels. On ne vit pas, on arrive. Le travail est de plus en plus un fardeau, une taxe sur la consommation. Les employeurs rêvent d'usines automatisées, libérées d'une main-d'oeuvre changeante, rétive. Les consommateurs souhaitent disposer d'un revenu sans travailler. Le taux de chômage croissant que laisse chaque récession après la reprise indique qu'on est peut-être en train de réaliser la première société de rentiers de l'Histoire!

Enfin, l'égalité apparente des citoyens n'est qu'un leurre. Les revenus des riches et des sociétés ont augmenté bien davantage que ceux des travailleurs, et ils procurent ce que n'achète jamais un salaire même fabuleux: la puissance politique et l'impunité. Cette égalité illusoire est d'ailleurs une denrée distribuée par les gouvernements: la moitié de leurs budgets sont faits des versements de transfert. Pour consommer en paix, sans risque de contestation, les classes moyennes consentent une aumône aux moins bien nantis. Depuis trente ans, les électeurs n'ont pas utilisé leur vote pour obtenir une meilleure distribution de l'assiette au beurre: ils se sont empiffrés des surplus.

Les conflits qui détruisent depuis quelques années les services publics sont un signe de la panique qui s'est emparée des classes moyennes et un avant-goût du chaos qui pourrait survenir. Pourquoi dans les services publics plus qu'ailleurs? Parce qu'il s'agit d'un secteur rigide où les possibilités de riposte sont limitées.

De quel moyen dispose le public consommateur de services pour faire savoir aux postiers, aux pompiers, aux infirmières, aux instituteurs, qu'il est prêt à payer un timbre poste 10 cents, ou à contribuer pour 10 dollars supplémentaires au trésor municipal? D'aucun. Les gouvernements font de la démagogie en prétendant "casser" les syndicats. A long terme, ce sont les citoyens qui "cassent" les régimes. Et à l'inverse, quand ces démagogues achètent la paix, comment leur faire savoir que nous ne sommes pas prêts à payer davantage les ouvriers du stade olympique, les médecins... ou les députés que le commun des mortels?

Le secteur public et parapublic occupe près de 40 p. cent de la main-d'oeuvre. Il est à peu près impossible d'y "gagner" une grève, même justifiée, même nécessaire. Interdite, elle est illégale. Légale, on l'interdit.

Une grève est un arrêt de travail concerté, destiné à entamer les profits du patron ou à menacer ses positions économiques. Or, dans les services publics, les marchés sont captifs, et les administrations "sauvent" de l'argent en période de grève. Enfin, la grève dans les services publics est une contradiction en soi. Elle consiste à se mettre à dos les gens qu'on doit avoir de son côté. Elle relève, au fond, de la prise d'otages pure et simple.

Le ralentissement de la croissance permet de voir que l'argent n'est pas la panacée. D'abord, à quoi bon recevoir plus de fric dans un système qui réussit, par la consommation — et par l'inflation si nécessaire — à le reprendre entièrement? Sans compter qu'il y a des limites à ce qu'un individu peut consommer. Cette partie du problème ne se réglera que par un transfert de la notion de mieux-vivre, du quantitatif au qualitatif: garderies, loisirs, éducation, transports, vacances, logement, urbanisation, environnement. Il faudra également transformer le travail, en faire non seulement un moyen de production et une condition de rémunération, mais une dimension plus humaine, plus enrichissante, de l'existence.

Enfin, le jour point où il n'y aura plus de capital à dilapider, où il faudra décider de la répartition de ce qui reste. Les conflits actuels ne se livrent pas entre employeurs et employés, mais entre clans de travailleurs, entre syndicats forts et manoeuvres pauvres. Cette guerre ouverte ne mène qu'au chaos politique et social. Les négociations sont ce qu'elles sont parce qu'elles se font au mauvais niveau.

La vraie négociation doit se faire bien avant la rédaction des conventions collectives. Elle doit se faire au moment de la préparation des budgets nationaux. Etre aussi politique que simplement comptable. Et les agents économiques et les gouvernements doivent participer à la répartition du revenu national, décider de l'épargne qui sera consacrée aux revenus, aux investissements publics, aux investissements privés.

La recherche du bien-être par le seul jeu de la croissance,
absurde mathématiquement, est vouée à l'échec bien avant
cette limite théorique. Le traumatisme social actuel vient de
la différence entre les paroles et les gestes de notre social-
démocratie de papier-mâché. Il vient aussi de la sclérose
intellectuelle et du manque d'imagination et de franchise des
syndicats et des partis. On ne règle pas les problèmes en
lançant des millions dessus. Les querelles et les scissions de
syndicats, les fondations de nouveaux partis ne sont pas des
accidents de parcours.

ESSO-S
OU LES PÉRILS CACHÉS
DE LA CRISE DE L'ÉNERGIE

(*Le Maclean*, février 1974)

La crise de l'énergie arrange tout le monde: c'est pour cela
qu'elle existe.

Elle réjouit les conservationnistes et les écolophiles, qui
entrevoient la fin de l'auto et le sauvetage de la nature. Elle
ranime les urbanistes, qui rêvent de planifier le développement
rationnel des villes et de stopper la prolifération des terrains
de stationnement. Elle satisfait les pays producteurs, qui
tirent enfin un revenu convenable de leurs richesses non
renouvelables. Elle favorise les gouvernements, qui en tirent

prétexte pour s'attribuer de nouveaux pouvoirs. Elle avantage surtout les compagnies pétrolières, qui empochent des profits plus élevés que jamais.

Mais tous ces optimistes ont tort de se réjouir: la vraie crise n'est pas pour demain. Ce n'est pas de sitôt qu'on verra un cortège de sheiks, de capitalistes et de militaires, chameaux et limousines parqués en retrait derrière une dune, pleurer en regardant un puit séoudien crachoter avec un peu de sable ses dernières gouttes de pétrole.

Les réserves mondiales (et l'on appelle *réserves* des gisements rentables aux prix du marché, les *ressources* devenant réserves quand les prix montent!) sont évaluées au minimum à 600 milliards de barils et la consommation annuelle est de 30 milliards. Les pessimistes estiment que l'on peut multiplier ces réserves par deux, les optimistes par quatre, sans compter d'éventuelles améliorations des méthodes d'extraction, et sans compter également les gisements, fort nombreux dans le monde, de pétrole lourd, de sables et de schistes bitumineux.

Dans un rapport publié en 1973, l'Organisation pour la coopération et le développement économique (OCDE) estime que les hydrocarbures continueront malgré tout à dominer le marché de l'énergie jusqu'à la fin du siècle.

Christopher Rand, ancien cadre de la Standard Oil (Californie), prétend dans *Oil and the Moslem East*, que les approvisionnements dépassent considérablement la demande et que l'inventaire des ressources a même augmenté depuis quelques années.

Ainsi, les gisements iraniens contiennent autant de pétrole que les gisements séoudiens, exploités par les cinq mêmes grandes sociétés, mais ces compagnies refusent d'en tirer plus

de sept millions de barils par jour. La raison est fort simple:
le pétrole séoudien coûte quatre cents et demi le baril (un
dixième de cent le gallon!) alors que l'iranien revient à 12
cents. A douze millions de barils par jour, le supplément de
profit est de 165 millions de dollars par an, taxes payées!

Ce que l'Occident entrevoit avec horreur, ce n'est pas le
fond des puits mais seulement pour la première fois, la notion
que les puits ont un fond et qu'on le touchera tôt ou tard.

Quant aux sociétés pétrolières, qui ont profité de
l'abondance (elles se sont toujours financées aux neuf
dixièmes à même leurs bénéfices), elles sauront bien profiter
de la pénurie, quitte à la créer si elle n'existe pas. Le *Wall
Street Journal* assurait en novembre 73: "Nous croyons
qu'on continuera à trouver du gaz et de l'huile pour l'avenir
prévisible. *Nous prévoyons également de fabuleuses hausses
de prix d'ici cinq ans, qui devraient améliorer les profits.*"

Est-ce à dire que nous pouvons nous permettre de continuer
à gaspiller le pétrole comme si la Création n'était pas terminée
et le livre de la Genèse fermé? De nous conduire comme si les
puits n'avaient pas de fond? Le voudrions-nous que ce serait
difficile. D'une part, les prix vont continuer à grimper:
l'Occident et le Japon ont jusqu'à présent écrémé les gisements
les moins chers et vécu de l'exploitation éhontée des peuples
du Moyen-Orient. Il reste du pétrole, mais il faudra le payer.

D'autre part, la "connaissance" que nous avons désormais
de la rareté des ressources constitue une "crise permanente"
de l'énergie. La crise actuelle est une sorte de psychodrame,
de répétition générale du vrai drame, qui se produira dans une
ou deux générations. Nous mettions des tigres dans notre
moteur: les Arabes nous ont appris qu'on va moins vite mais
plus loin avec un chameau.

Actuellement, toutes les politiques économiques présument d'une augmentation de la consommation. Ce genre de prévisions sont en fait des prédictions qui visent à se réaliser. La plupart des politiques fiscales et économiques sont des subventions à l'épuisement des ressources. Les politiques industrielles favorisent les industries à haute consommation d'énergie. Les subventions camouflées à l'automobile, entre autres, sont des primes au gaspillage.

En trois heures, une voiture consomme autant d'énergie qu'un téléviseur couleur pendant un an. Problème d'examen: combien d'énergie consomme un cinéparc en un week-end?

L'auto consomme, par passager, six fois plus que l'autobus, dix-sept fois plus que le train. Pour une tonne de fret, les camions brûlent six fois plus de fuel que les trains; et il leur faut trois fois plus de routes (dont chaque mille de béton exige lui-même quatre fois plus d'énergie qu'un mille de rail). L'automobile, en fait, est un gouffre. Elle brûle près de la moitié de tout le pétrole extrait. Si chaque voiture faisait au moins 30 milles par gallon, on économiserait assez de carburant pour faire fonctionner toute l'aviation, commerciale comme privée. L'avion, en effet, n'utilise que cinq pour cent de tous les carburants de transport, le train trois pour cent, les autobus et les transports urbains deux pour cent chacun. L'automobile: 87 p. cent.

Mais ce n'est là que la consommation directe de l'automobile. On s'est amusé à dresser la liste de tout ce qui serait différent sans cette vache sacrée qu'est la bagnole: la structure actuelle des villes, leur destruction à des fins de stationnement et par les autoroutes, la prolifération des banlieues (déjà, la construction de maisons unifamiliales a tombé considérablement aux Etats-Unis), l'élimination des

espaces verts, la multiplication des centres commerciaux
accessibles seulement en voiture... Aurions-nous, sans
l'abondance de pétrole, des écoles centralisées et des autobus
scolaires? La Gaspésie, inaccessible par les transports en
commun, serait moins fréquentée; le "train du nord"
réapparaîtrait; le camping serait moins répandu et un peu
plus "scout"; les maisons mobiles se feraient rares; les centres
de ski diminueraient au profit des patinoires, le ski au profit
de la raquette.

Dans son rapport sur l'énergie, le ministre MacDonald
attribue nos structures urbaines (maisons unifamiliales et
villes-dortoirs) à "l'idéal des pionniers et à l'étendue du pays".
Peut-être faut-il attribuer plutôt cette forme d'installation,
contraire à toutes les exigences du climat, à une servile
imitation des normes californiennes, et à l'influence de l'automobile. Les logements groupés en immeubles d'habitation se
chauffent, par exemple, pour la moitié du prix d'un bungalow
bien isolé, et combien le sont?

La rareté des voitures particulières et la collectivisation des
transports, des loisirs et de l'habitation auraient également
une influence sur la mentalité communautaire et sur les
pulsions individualistes. Elles se refléteraient sans doute
négativement, par contre, sur les libertés politiques dont nous
jouissons: la mise en quarantaine de la Baie de James, au
lendemain du jugement Malouf, a montré à quel point il est
facile aux pouvoirs d'interdire un lieu en l'absence de
transports personnels.

L'industrie de l'automobile sait parfaitement sa vulnéra-
bilité: les ateliers de GM, à 75 000 voitures par semaine,
tournent à la moitié de leur production de 1973. En
Allemagne, la production a diminué du tiers.

La navigation de plaisance, avec ses yachts qui brûlent 350 gallons de fuel en une journée de dix heures, finie. L'aviation dite "d'affaires", et qui est bien davantage un passe-temps coûteux, est déjà touchée: Cessna a mis à pied le quart de ses onze mille employés. Les voyages à volonté aux 14 soleils ou ailleurs seraient sans doute aussi rigoureusement rationnés et distribués que les coupons d'essence.

Tout cela n'irait pas sans répercussions économiques: dans les pays industrialisés, un emploi sur sept est relié à l'auto. D'autres industries grandes consommatrices d'énergie: aluminium, papier, acier, chimie, seraient durement touchées.

L'opération de reconversion serait colossale, mais pas nécessairement synonyme de chômage. Certains secteurs d'emploi seraient atteints, mais l'économie utilise actuellement les ressources énergétiques pour économiser la main-d'oeuvre. On assisterait à une remontée des activités consommatrices de main-d'oeuvre plutôt que d'énergie.

D'ailleurs, même dans la situation actuelle, qui n'est pas critique, les analystes estiment que la bataille de l'énergie sera la première activité économique d'ici 1990. Les investissements totaux, au Canada seulement, seront de l'ordre de 100 milliards. D'ici 12 ans, l'industrie de l'énergie investira 100 millions *par jour!* Une taxe de 40 cents par gallon d'essence rapporterait, au Canada, près de trois milliards de dollars par an et permettrait non seulement de diminuer les impôts sur le revenu des gens les plus touchés par cette hausse, mais de financer les conversions nécessaires dans le domaine du transport et de l'habitation.

Ces calculs optimistes n'empêchent pas Wall Street de s'inquiéter et de parler de dépression pour la première fois depuis deux générations. C'est que le pétrole n'est pas qu'une

source d'énergie: il est avant tout le principal moyen
d'échange, la principale source d'activité, ce que la pierre
était à l'homme préhistorique, le bouleau à l'Indien, le blé
aux sociétés agricoles, la vapeur à l'Angleterre de 1800. C'est
ce qu'on appelle "la civilisation du pétrole."

Près de la moitié du commerce international, en dollars,
concerne le pétrole. Un navire sur trois est un pétrolier: la
moitié du tonnage mondial. De l'Arabie au Japon, sur 9 000
milles, chaque capitaine de pétrolier peut en voir un autre
devant lui et un derrière ! tous les neuf milles!

Le pétrole, c'est aussi la matière première de la civilisation
industrielle, la forme brute de 3 000 produits, plus de la
moitié de tous les objets que nous touchons chaque jour.
C'est la base, le stock fondamental, le fourrage (*feedstock,*
disent les anglophones) de tout ce qui nous différencie de nos
arrière-grands-parents: le film des photos-souvenir de voyage,
le ruban gommé des sacs d'écoliers, le savon, la bande
magnétoscopique des *Berger* ou de *Quelle famille,* l'aspirine,
la plupart des jouets commerciaux, les isolants, les fibres
synthétiques qui permettent d'avoir chaud en hiver, frais en
été, le caoutchouc synthétique, l'omniprésent vinyle, toutes
ces substances ni végétales ni minérales que nous appelons les
plastiques, les peintures, les détergents mini ou maxi-mousse,
les engrais chimiques, la paraffine des pots de confiture, la
cire des skis, les époxydes, le nylon des raquettes de tennis,
des filets de pêche, des tapis, des fourrures artificielles, des
roulements à billes ou des collants de madame, les lubrifiants
industriels, les placages, les pots de yaourt, la vaseline, les
parfums, la pénicilline, la cortisone, la plupart des
médicaments... En un mot, toute la chimie de synthèse. Et
qu'est-ce qui n'est pas synthétique?

Le pétrole sert aussi de carburant dans certains types de véhicules, comme l'avion, qu'on voit mal fonctionner à l'électricité ou au charbon et où les considérations de poids comptent pour beaucoup.

La crise du pétrole aura également des conséquences politiques bien avant le jour J. C'est commencé. Au Canada, la crise contribue déjà à affaiblir le fédéralisme et à accélérer la centralisation du pouvoir en permettant l'entrée du gouvernement fédéral dans le champ des richesses naturelles. "Le gouvernement fédéral, écrivait le ministre MacDonald, vise à une entente nationale sur l'orientation des politiques énergétiques, en consultation avec les provinces..."

Cette consultation ne semble pas avoir été assez poussée pour empêcher M. Gilles Massé, ministre québécois des Richesses naturelles, de se plaindre qu'Ottawa "se sert du caractère urgent de la pénurie pour envahir un champ de juridiction provinciale... et crée un organisme permanent alors qu'il est question de mesures temporaires... Ce projet de loi contient des éléments qui devraient inquiéter un Québécois lucide et alerte." Cette Société nationale de l'énergie, dont la création empêchera vraisemblablement celle que le Québec voulait se donner, veut intervenir dans tous les secteurs, y compris celui de l'hydroélectricité, royaume incontesté de l'Hydro-Québec. Dans le rapport déjà cité, M. MacDonald souhaite "mieux intégrer les ressources de l'Hydro avec celles des provinces maritimes".

Impact également sur les relations canado-américaines: nos voisins qui contrôlent 90 p. cent de notre pétrole et 75 p. cent de notre charbon, s'y intéressent: "Le pétrole canadien, déclarait récemment le secrétaire américain au Trésor, M. Schultz, peut être aussi facilement protégé que le nôtre."

Impact, enfin, sur le plan international: pour les Américains, les hausses qui avaient déjà porté le prix du brut de trois à sept dollars le baril, annonçaient pour l'année 1980 un déficit de la balance des paiements de l'ordre de 15 milliards. Comment le combler? Par l'exportation d'armes et de fournitures militaires, de satellites de communication, de produits agricoles (d'où une mainmise américaine sur les communications internationales et une hausse intérieure des prix des aliments) et surtout par l'acceptation d'investissements arabes dans l'industrie: le roi Fayçal a déjà annoncé que l'aluminium et la chimie l'intéressaient au plus haut point. Par contre, ce problème de paiements, en touchant encore plus durement l'Europe, joue en faveur des Américains.

Le Canada, lui, a la chance d'avoir des ressources considérables de pétrole pour une centaine d'années, de l'uranium pour cinquante, peut-être le double. Il faut dire "la chance", en effet, parce que les Canadiens, pour des raisons d'éloignement et de climat, sont les plus grands consommateurs du monde. Chaque Canadien brûle, en effet, plus de deux tiers de baril par semaine, et cette consommation pourrait quadrupler d'ici 25 ans. Nous consommons deux fois davantage que les Européens: 40 barils par an contre 20. Les hausses récentes nous coûtent 100 dollars par personne par année.

Le problème posé est le suivant: est-ce que l'Amérique du Nord, avec 6 pour cent de la population mondiale et 15 p. cent de la production de pétrole, peut en consommer 33 p. cent? Est-il vraiment possible que la mauvaise gestion des ressources fasse "basculer tout le système industriel" (*Rucks and Runyon*, nov. 73)?

Ce sont des questions dont il est difficile de prendre

conscience, malgré les avertissements des savants du Club de Rome, il y a déjà près de trois ans. La Terre est une grosse capsule spatiale, ses ressources sont limitées, et il n'y a pas de vaisseau de rechange. Lew Kowarski, physicien nucléaire, collègue de Frédéric Joliot, inventeur de la "masse critique", tient le même langage: "Je ne veux pas jouer les prophètes, mais une chose est certaine: au rythme actuel, les ressources en combustibles naturels, charbon, pétrole, gaz, seront vite épuisées." Le premier ministre hollandais, Joop Den Uyl, a averti ses compatriotes: "Il nous faut nous préparer à un nouveau genre de vie. Depuis le début de la révolution industrielle, l'homme a vécu de l'exploitation des richesses de la Terre: un ralentissement s'impose." Même le président d'Exxon, J.-K. Jamieson, l'admet: "Il serait imprudent de planifier sur l'hypothèse que nous ferons toujours de nouvelles découvertes. L'équilibre énergétique mondial est à un tournant... Les ressources de la terre ne sont pas épuisées, mais nous devons nous appliquer à développer à l'avance des ressources pour les besoins futurs."

A l'avance.

C'est une chose à laquelle l'homme est si peu habitué, de penser à l'avance, que le ministre de l'Intérieur et de l'Environnement dans les gouvernements Kennedy et Johnson, Stewart Udall, s'amusait à dire: "J'espère que les Arabes vont tenir bon et continuer, sinon on va tout oublier jusqu'au jour de la catastrophe."

DES GRÈVES PLANIFIÉES
PAR LES BUREAUCRATES

(*Le Maclean*, août 1976)

En obtenant le droit de grève — ou en le prenant — les instituteurs, les infirmières, les employés des hôpitaux, de l'Hydro-Québec et des transports en commun, les facteurs et les pompiers, les médecins et les policiers, n'ont rien obtenu du tout. Cette arme suprême est, comme la bombe atomique, inutilisable.

Cela, le gouvernement l'a compris, peut-être prévu. Privés du recours à la médiation, à l'arbitrage, à l'indexation, les employés des services publics ne disposent plus que d'un droit empoisonné qui les coupe chaque fois davantage de leurs seuls alliés possibles, les citoyens. Ce droit de grève, d'ailleurs, l'Etat ne les laisse en user, en pratique, que symboliquement: dans les écoles l'été, dans les hôpitaux quand il n'y a plus de malades, pour quelques jours seulement dans le reste du système! Avec la mauvaise foi la plus totale, le gouvernement adopte les tactiques des entreprises les plus férocement antisyndicales, nie par les lois d'exception et le recours aux tribunaux ce que l'Assemblée nationale avait autorisé. S'il est intolérable qu'on défie la loi, comme le dit Robert Bourassa, il l'est encore davantage qu'on l'avilisse.

Si le gouvernement a achevé de se déshonorer au cours des dernières négociations, les syndiqués, eux, se sont laissés pousser dans les pièges les plus grossiers. Et les leaders syndicaux ont prouvé, par le tordage de bras auquel ils se sont livrés auprès de leurs membres, qu'ils ne sont pas eux non plus opposés à la manière forte. Ils représentent tout autant les travailleurs que le régime actuel nous représente, vous et moi. La démagogie des gens au pouvoir a permis de camoufler l'irresponsabilité des négociateurs syndicaux: ils pouvaient promettre sans jamais avoir à tenir. Il suffisait de fanfaronner, puis d'accuser "le système". D'où leur "conduite d'échec", comme disent les psychologues, leur tendance à la délinquance.

Les citoyens sont pris entre deux feux dans cette guerre civile entre deux bureaucraties, la gouvernementale qui veut "placer" les syndicats, la syndicale qui rêve de "casser le régime". Voici d'une part les mandarins de la Grande Allée, virtuoses de la dernière minute, éternels retardataires, jaloux de leur pouvoir et de leurs prérogatives, prisonniers d'une mentalité de bunker, et qui depuis 15 ans centralisent sans faiblir, déterminent de Québec le nombre et la qualité des hôpitaux, des écoles, des abattoirs, des municipalités, en fonction de leur capacité de gestion et de leurs aises plutôt que des besoins du public. Et en face, les commissaires syndicaux, empêtrés dans leur dialectique, stratèges du risque total aux dépens des autres, sourds même aux craquements de leur propre mouvement. "Le cœur du public n'est plus dans les luttes des élites", disait Marcel Pepin. Il n'est pas non plus dans celles que se livrent sur son dos les monarques du pouvoir syndical.

Les grèves qui résultent de cette situation pourrie ne frappent pas un patron: elles sont dirigées contre les Québécois. Ce sont, en réalité, des prises d'otages, des otages qui n'ont jamais rien fait de mal que de payer, rubis sur l'ongle, au rythme de cinq milliards par an, les salaires de tous

ces combattants et de consentir des investissements colossaux
que l'on gaspille. Un hôpital n'est pas une manufacture de
saucisses. On s'inquiète bien sûr des urgences, mais pour
mieux cacher le sort que l'on fait aux malades chroniques. Et
l'exemple scandalisant de la dernière année scolaire: n'aurait-
il pas mieux valu envoyer les enfants au travail? Et les
congélateurs qui dégèlent, les troupeaux privés d'eau, quand
les 12 012 propres, propres, propres, multiplient les pannes?

Les otages les plus durement touchés sont toujours les plus
défavorisés: combien de ministres, de députés ont été privés
de soins hospitaliers, en mai et juin? Combien prennent le
métro? Combien ont leurs enfants à l'école publique? Et on
pourrait en dire autant de la plupart des hauts fonctionnaires.
Les citoyens voudraient agir qu'ils ne le pourraient pas. De
part et d'autre, on se paie leur tête en suppléant à
l'information par des propagandes primitives, dignes des
marchands de savon: d'ailleurs, qui a déjà vu un leader
syndical sur les tribunes électorales?

Depuis quelques années, on pratiquait l'extrémisme de
l'invective. On est passé aux gestes extrêmes. Et à la
prochaine négociation, ce sera pire. On aura peut-être changé
de gouvernement: on ne changera pas de bureaucraties
syndicales!

Mais surtout, ce sont les règles du jeu qu'il faut changer. Il
faut fractionner les responsabilités, répartir la négociation à
divers niveaux, la décentraliser, la régionaliser, redonner des
pouvoirs réels aux collectivités locales, aux commissions
scolaires, aux municipalités, libérer les hôpitaux des carcans
de Québec. Renoncer au jacobinisme, en d'autres mots,
ruiner les chasses gardées des bureaucrates, forcer ces derniers
à transiger quotidiennement avec la clientèle, amener les

travailleurs à s'occuper de leurs associations au lieu de les confier à des spécialistes stipendiés.

La démocratie prend du temps, de la sueur. Elle vit bien en petites thalles. Les grandes machines actuelles et les conflits qu'elles nourrissent conduisent à la destruction de l'Etat, au pourrissement de la démocratie, à la guerre sociale. Et elles engendrent, dans un pays où pourtant la majorité des travailleurs ne bénéficient pas encore de protection, un anti-syndicalisme larvé.

Le syndicalisme, comme la fonction publique, comme les partis, n'a aucune importance. Ce n'est qu'un moyen. L'important, c'est la santé, l'éducation, le bien-être, la liberté, la paix.

ENTRE LA JUNGLE ET LE PENSIONNAT

(*Le Maclean*, février 1976)

Le Canada est-il en voie de se transformer en immense Suède nord-américaine?

Allons-nous rejoindre le clan des peuples qui ont fini par penser, tels les Scandinaves, les Autrichiens, les Néerlandais, que la social-démocratie est une voie possible vers le bonheur et la paix, entre la loi de la jungle du capitalisme sauvage et le paupérisme marxiste?

Un étranger, un Martien, qui se contenterait d'un regard sur la carte politique du Canada pourrait bien le croire: entre le rouge et le bleu traditionnels, si l'on prête une couleur aux socio-démocrates, le vert, par exemple, le Canada apparaît plutôt gazonné... A moins qu'on ne préfère le blanc, en souvenir des virginaux arpents de neige?

Le populiste néo-démocrate Dave Barrett a été renversé par les créditistes qui ont réussi contre son "socialisme" la coalition que Robert Bourassa a regroupée chez nous contre le "séparatisme", mais avec ses 40 pour cent ou presque de voix stables, il demeure l'opposition officielle et la seule solution possible de remplacement si le fils Bennett suit les traces de son papa... Sautons par-dessus cette principauté pétrolière, ce protectorat américain qu'est l'Alberta: le CCF règne en Saskatchewan depuis la guerre, sous sa forme rurale et coopératiste. Et l'évangile des clergymen socialistes a débordé sur le Manitoba voisin, que dirige Ed Schreyer.

Retrouvons un hachuré vert, là où l'opposition est social-démocrate: l'Ontario depuis septembre, où Stephen Lewis a remplacé le libéral Robert Nixon comme chef de l'opposition face à un gouvernement minoritaire, et le Québec... Il ne s'agit pas ici d'une concession aux prétentions social-démocrates de Robert Bourassa (le premier ministre n'a pas que des stratégies) mais au fait qu'au-delà de ses objectifs indépendantistes, le Parti québécois a un programme social-démocrate.

Pour les Maritimes, on repassera dans dix ans.

Que proposent les sociaux-démocrates? Les mêmes pensions, les mêmes allocations, la même assurance-maladie que les libéraux et les conservateurs? Admettons, avec les malins, que les sociaux-démocrates soient des socialistes qui ont renoncé à la lutte des classes. Les libéraux, eux — et quelques conservateurs — continuent d'y tenir autant que les marxistes, mais la font faire par d'autres: ils ont imaginé de cotiser les classes moyennes en faveur des défavorisés, afin d'éviter les troubles sociaux qui menaceraient leur enrichissement tranquille.

Les gouvernements libéraux classiques sont favorables à l'égalité de la distribution des chèques. Les social-démocraties insistent en plus sur l'égalité de la participation aux frais! Un Nelson Rockefeller, qui a réussi l'an dernier, le plus légalement du monde, à ne pas payer d'impôt sur des revenus de deux millions et demi de dollars, s'y sentirait un peu honteux...

Dans la plupart des sociétés occidentales démocratiques, les citoyens sont théoriquement égaux devant la loi; mais souvent on n'y considère pas les entreprises comme des citoyens. Plutôt comme des veaux d'or auxquels il convient de rendre un culte coûteux: défalcations et remises d'impôt, subsides et subventions de toutes sortes, services (routes, ports, aéroports).

Si l'on ajoute que trop de ces grandes entreprises réussissent à échapper aux législations sur la pollution, l'emploi, la sécurité des travailleurs et à refiler la note aux PPTO (petits payeurs de taxe ordinaires), on peut se demander si vraiment elles sont rentables. Et tant qu'à assumer leurs déficits directement ou sous une forme camouflée, pourquoi les pouvoirs publics ne siégeraient-ils pas au conseil d'administration?

On pourrait ajouter que dans les social-démocraties, en général, le coût des services publics est largement inférieur à ce qu'il est ailleurs: le service domestique du téléphone coûte sept dollars dix par mois à Montréal, trois et quatre-vingt-dix à Winnipeg. Pour l'assurance-automobile, les différences sont encore plus grandes entre les provinces où elle a été étatisée,

Manitoba, Saskatchewan et Colombie, et le reste du pays.

Ce n'est pas non plus par hasard si les premières lois contre la spéculation foncière et la destruction des terres arables ont été adoptées par des provinces sociales-démocrates, ou si la ville de Saskatoon passe partout pour un modèle de développement urbain et de politique d'habitation. Croit-on encore que les services d'urbanisme des régimes libéraux planifient quoi que ce soit? L'urbanisme québécois est signé Steinberg. Les villes se créent au hasard des besoins de sociétés qui ont leur siège social à Toronto, Houston ou Cleveland, les autoroutes se tracent dans les bureaux des lotisseurs. Les pouvoirs publics n'ont qu'à suivre pour boucher les trous avec notre argent.

Il y aurait enfin beaucoup à dire sur la décentralisation: c'est l'argent qui centralise, à des fins de profit. Seule une volonté politique d'aménagement peut tenir compte des besoins des régions.

Bien sûr, l'entreprise brandira, devant les législations, le spectre de la fuite des capitaux et de la misère... Croit-on vraiment qu'il soit si facile de déménager des mines, des forêts, des marchés agro-alimentaires, de l'énergie à gogo? De tous les pays développés, c'est la Suède et l'Autriche sociales-démocrates qui ont le mieux résisté, y compris pour ce qui est des profits et de la croissance des entreprises, à la dernière récession. Les riches, comme les autres, ont des émotions, des passions irrationnelles. Ce ne serait pas la première fois qu'ils se trompent, non seulement sur ce qui est bon pour nous, mais même sur ce qui est bon pour eux...

PROCHAIN CHAPITRE

POUR LA SUITE DU QUÉBEC

(*Le Maclean*, décembre 1975)

Le Québec serait à préparer une de ces mutations qui sont sa manière d'avancer qu'il ne faudrait pas se surprendre.

Une mutation beaucoup plus importante que celle des années soixante. La "révolution tranquille" est finie — quoi qu'en pensent les gens au pouvoir — depuis belle lurette. A-t-elle d'ailleurs vraiment eu lieu? C'est le Québec tradition-nel qui se donnait enfin des institutions, des instruments essentiels dont il avait longtemps rêvé sans oser: un appareil d'Etat, un système d'éducation, la sécurité sociale. De quoi avoir enfin confiance.

Ces institutions, ces instruments ont servi. Les premières générations qui en ont bénéficié entrent à l'université. On peut parler d'un Québécois nouveau. Les enquêtes les plus récentes confirment les intuitions. Ce Québécois nouveau semble plus détendu, plus confiant, plus sûr de lui. Il en a assez d'être pessimiste.

Son attitude à l'occasion de la dernière crise linguistique en est peut-être un indice. Lors des crises du Bill 63 et des autres avortons de législation qui l'avaient précédé, il était carrément sur la défensive, angoissé, noué devant l'avenir. Le chahut fait à CFCF autour du Bill 22 montre bien que la panique a changé de camp. Bien sûr, George Springate et John Robertson ont gagné: il n'y a pas de place pour un Jérôme Choquette dans le gouvernement actuel du Québec, il y en a pour un Springate, qui s'est montré plus fort que l'ensemble du cabinet. Mais l'hystérie est du côté de ceux qui se sentent menacés.

Les Québécois francophones savent que cette question-là ne se réglera pas à l'école, mais au travail. Dans le passé, on a pu leur fermer toutes les portes en prétextant leur manque de compétence. Docilement, ils ont été à l'école — qui s'instruit s'enrichit — ils se savent désormais aussi compétents que quiconque et s'apprêtent à prendre leur place. Leurs places. En français. Tant pis pour les autres.

Cette mutation du Québec, certains voudraient qu'elle soit un retour en arrière. Le Père Georges-Henri Lévesque, de dominicaine mémoire, estime qu'après un "abus de liberté", il faut de nouveau prôner "le respect de l'autorité". Le nouveau sous-ministre adjoint de l'Education, M. André Rousseau, chante aux commissaires d'écoles la même antienne: le retour aux schèmes anciens serait une preuve "d'authenticité" québécoise!

Décidément, la génération qui s'effiloche a fait sa part! Quel abus de liberté? La liberté de la Loi des mesures de guerre? du samedi de la matraque? La concentration du pouvoir sur la Grande-Allée au détriment des conseils scolaires et municipaux? Le déplacement des populations, expropriées par principe, par commodité aéroportuaire ou par avidité multinationale? La liberté de passer au moule commun des réglementations et des normes bureaucratiques? Les années soixante ont été bruyantes, une étape nécessaire sans doute de la consolidation de la nation québécoise, elles n'ont pas été libertaires. Demandez-le à Henri Morgentaler, demandez-le aux 467 internés d'octobre 1970, demandez-le aux défavorisés ou aux Indiens déplacés au bulldozer.

La liberté, qui inquiète tant les "authentiques" nostalgiques

du Québec d'antan, elle commence peut-être. Les Québécois
de demain seront sans doute conservateurs: pour la première
fois, ils ont quelque chose à conserver. Des maisons, un
niveau de vie qui croît, des jobs sans sciotte et sans seau d'eau
pour un bon nombre, bien sûr. Mais surtout une possibilité
d'autonomie individuelle, de développement personnel.
Jusqu'à hier, le collectif, le "national" leur bouffait tout, les
rongeait de l'intérieur.

Mais ces Québécois, ils seront en même temps révolution-
naires: sans rien céder, ils sont en train de s'inventer une
nouvelle culture qui ne sera celle ni de la survivance ni de la
désertion. Ce que cette culture sera, il est difficile de le dire
avec précision: la pauvrette a été un peu beaucoup violée et
on ne saura jamais qui est le père de l'enfant. Comme
d'habitude, c'est dans le domaine de la musique et de la
poésie que se tirent les premiers coups de canon: les
musiciens populaires d'aujourd'hui sont peut-être au Québec
de 1980 ce que les poètes de l'Hexagone et Félix Leclerc ont
été, en 1950, à celui des mandarins de Jean Lesage. Le
Québec veut danser: on est loin de Rose Latulipe. Il y a déjà
de nouveaux historiens, il y aura de nouveaux romanciers, des
syndicalistes, des politiques, des entrepreneurs...

Quoi? dira-t-on. C'est le Québec de demain, ces amateurs
de vieilleries, de bogués antiques, de pointes de diamant?
L'avenir passerait par Robert-Lionel Séguin? Il faudrait
assumer la Sainte-Enfance? Le passé est un repère. L'arpentage
de l'avenir passe par des points qui sont le passé et le présent.
Même au bord du futur, il faut tenir plus que jamais aux
jouets de Séguin, aux couvents des Soeurs Grises, aux fermes
de Saint-Augustin, en même temps qu'aux laboratoires, aux
projets-pilotes et à la modernisation.

Si les pouvoirs actuels, à Ottawa, à Québec, à Montréal,
liquident avec tant de rage ces balises indispensables de notre
cheminement, ce n'est pas tant qu'elles nuisent vraiment.
C'est qu'elles embêtent. C'est la réaction normale de
nouveaux riches qui rejettent un passé qui fut trop souvent
malaisé. Entre la génération des passéistes canadiens-français
et celle des Québécois, il y a au pouvoir celle des parvenus,
honteux de leur ascendance, qui rêvent de Miami et d'un bon
boss. Ils n'auront ni l'un ni l'autre.

GOUVERNER, C'EST SE CALMER

(*L'Actualité*, 1er novembre 1976)

Il semble bien qu'il ne suffise pas, pour gouverner un pays
et assurer sa stabilité politique et sociale, de la majorité des
suffrages... Lyndon Johnson et Richard Nixon l'ont prouvé
malgré eux, qui nonobstant les raz-de-marée de 1964 et de
1972, ont été chassés de la Maison Blanche avant la fin de
leur mandat par une opinion publique qui trouve désormais
d'autres moyens d'agir que les urnes électorales.

Robert Bourassa fait la même démonstration ici. Malgré
une majorité sans précédent, il surnage, comme Jean-Jacques
Bertrand avant lui, mais ne gouverne pas. Il préside, de crise
en crise, à la dislocation de l'appareil social.

La majorité recueillie aux élections a moins d'importance,

au bout du compte, que la capacité des hommes et des partis au pouvoir de se rendre acceptables à cette moitié de l'électorat, plus ou moins, qui a voté contre eux. C'est ainsi que Paul Sauvé n'a pas été emporté dans le discrédit qui frappait son parti. Que Jean Lesage, notable qui succédait à d'autres notables, a réalisé un ensemble de réformes sans précédent. Que Lester Pearson a laissé un bon souvenir, quoique toujours minoritaire, alors que son rival Diefenbaker s'est rapidement écroulé du haut de sa colossale majorité. Que Daniel Johnson, malgré un pourcentage de voix à la limite de l'échec, malgré aussi un gouvernement somme toute assez improductif, a laissé le souvenir d'un grand politique.

Mais être acceptable à ses adversaires, une fois la partie remise, qu'est-ce que cela signifie? Il y a une nécessité d'ordre moral, l'autre d'ordre politique.

Moralement, cela implique la primauté de l'éthique, de l'honnêteté, de la conscience sur l'habileté, l'astuce, l'intelligence. La prochaine élection américaine se joue là-dessus, devant une opinion désabusée, lasse du messianisme kennedyen comme du machiavélisme de Kissinger et qui confond dans une égale réprobation le "système" et ses ratés inévitables. Comme disaient naguère les bonnes gens: la politique, c'est sale.

Mais la politique, qu'on le veuille ou non, c'est aussi nous. Et conformément à la loi des grands nombres, elle est d'autant plus sale qu'elle n'est pas "nous"! Carter et Ford se montrent à nous comme deux jumeaux: Carter joue la révulsion devant le passé récent, ne promet rien que lui-même, oppose la conviction au "know how", la compassion au "réalisme". Il évoque l'humilité de Truman, l'inspiration de Kennedy, la social-démocratie johnsonienne. Ford, qui n'est ni pasteur, ni novice, fait mine d'être trop bête pour être méchant. Même pas candidat: ce serait le destin qui l'a conduit où il est.

Des gars aimables... Qu'importe qu'ils jouent la comédie. Pour contrefaire la vertu, le vice doit se faire vertueux.

Politiquement, cette évolution pousse tous les partis dans la même voie. Celle du centre. Dans la grisaille des plus grands dénominateurs communs, on ne les distingue plus. Choisir des voies extrêmes, ou simplement nouvelles, c'est se condamner à la marginalité, c'est-à-dire à l'opposition ou à l'aventurisme. Si le Parti québécois est moins radical que sa fraction radicale ou que les "penseurs" du *Jour,* c'est qu'il est devenu, en s'étendant, en gagnant des voix, plus représentatif.

Et comme on ne renonce pas facilement à des rêves, à un idéal, on assiste, dans plusieurs pays, à la transformation du système bipartite ou multipartite en un système que les spécialistes commencent à appeler "à un parti et demi"! A un grand parti modéré confortablement installé au pouvoir (on pense au Canada, aux Etats-Unis, à l'Italie, possiblement à la France) répond une opposition permanente, presque institutionnalisée.

La formation à vocation majoritaire est celle qui réussit à attirer des gens de toutes les ethnies, de toutes les religions, de toutes les régions, de toute provenance sociale, qui s'installe "au point d'équilibre entre les forces sociales en lutte" selon l'expression de l'historien Wilfred Binkley. Elle détient le pouvoir "à perpétuité", ne le perd qu'en cas d'accident (un scandale) ou le "prête" quelques années (le temps de changer de leader ou d'éponger une récession économique!). Le Parti démocrate aux Etats-Unis, le Parti libéral au Canada et au Québec, répondent assez bien à cette définition.

Cette évolution offre l'avantage de la stabilité née du consensus; elle présente le défaut d'instiller une certaine sclérose au plan des idées, des idéaux, des solutions. Elle favorise également le succès de l'engeance politicienne, carriériste, virtuose du marketing électoral.

Peu importe qui sera le prochain président des Etats-Unis — et la partie est loin d'être jouée — on ne le voit pas s'engager dans des voies bien différentes de celles que suit Gerald Ford. Qui oserait s'enferrer dans de nouvelles aventures militaires de type viet-namien? liquider la politique dite de "détente", qui n'en est qu'une de coexistence forcée? crier à la loi et à l'ordre (ce qui n'était pour Nixon qu'une façon de consolider une présidence impériale) ou au contraire relancer les grands programmes de "guerre à la pauvreté" ou d'intégration raciale? De même, au Canada, un hypothétique gouvernement Clark serait-il si différent d'un gouvernement Trudeau? On philosopherait moins à la télé et dans les colloques, mais les affaires resteraient les affaires...

C'est au Québec qu'un changement d'équipe gouvernementale ferait le plus de différence. A cause de la vocation souverainiste du Parti québécois bien sûr. Mais aussi parce que le Parti québécois n'a pas encore atteint sa voie royale, qui, comme l'hypocrite vertu, est au milieu... Quand cela sera fait, pour tout le reste, un passage Bourassa-Lévesque ressemblerait à la liquidation de Richard Nixon...

Nous ne sommes souvent que des Américains avec deux ou trois ans de retard!

ADIEU, DOCTEUR WELBY!

(*L'Actualité*, 16 novembre 1976)

Pierre Trudeau avait cru qu'on peut contenir un fleuve en crue en y jetant un barrage. La coalition disparate que son féal Robert Bourassa pensait diriger, et qu'on avait réunie pour empêcher bien plus que pour faire, s'est disloquée.

Car Pierre Trudeau est l'artisan involontaire de l'accession au pouvoir d'un parti qui prône l'indépendance du Québec: ayant fait taire toute contradiction et rendu le débat public dérisoire, il n'a laissé aux Québécois qui se trouvaient à l'étroit dans la camisole de force d'un fédéralisme centenaire que l'issue de l'organisation politique et de la conquête du pouvoir.

Le dilemme posé en 1967 reste entier: nous avons simplement gaspillé dix ans. Où en étions-nous alors? René Lévesque proposait au parti de la révolution tranquille une refonte du pacte confédératif, sous forme d'Etats associés. Un Paul Gérin-Lajoie suggérait des négociations devant assurer au Québec un statut différent. Ayant constaté l'impossibilité de réaliser à l'intérieur de la Constitution actuelle l'émancipation culturelle, économique et politique du peuple québécois, les réformistes n'avaient plus qu'à quitter un Parti libéral étouffant sous l'intransigeance intellectuelle de Pierre Trudeau.

Daniel Johnson exigeait, lui, l'égalité ou l'indépendance. A la question mille fois répétée: "What does Quebec want?", il répondait en énumérant une série de pouvoirs qui apparaissent essentiels, dans les domaines de l'immigration, de la taxation, des communications. Au fédéralisme statufié, le Québec de 1967 opposait le "séparatisme coopératif"!

Dans une conférence fédérale provinciale télévisée qui allait orienter de façon cruciale la décennie à venir, Pierre Trudeau répondait: "Illusion! Le Québec ne veut rien. Il ne manque pas de pouvoirs, mais de savoir-faire!"

Au Canada anglais, on l'écouta volontiers: il avait du panache, une fleur à la boutonnière, de jolies amies, le bon accent. Il disait surtout ce que l'on voulait entendre: que les Québécois ont des problèmes parce qu'ils sont "comme ça" plutôt qu'à cause de leur situation de minoritaires. Du Canada français, les "Canadians" n'avaient guère connu que le folklore et les ghettos: Maillardville, Gravelbourg, Eastview, Chédiac, des villages craintifs, vieillis, îlots "ethniques" voués, avec un peu de patience, à l'assimilation. Des résidus amputés... De loin, le Québec apparaissait comme un de ces villages sans avenir, simplement un peu plus gros: on ne se rendait pas compte qu'avec ses six millions d'habitants, son Etat enfin structuré, son impôt, ses partis politiques, ses universités, ses classes sociales, le Québec était devenu une nation complète, qu'il avait atteint, comme disent les savants nucléaires, la "masse critique", que la réaction en chaîne était irréversible.

Que veut le Québec signifiait, en réalité: qu'est-ce donc que le Québec?

Pierre Trudeau, on le voit aujourd'hui, a réussi à imposer sa vision des choses et sa politique de confrontation pendant dix ans par la force de l'Etat central autant que par l'éloquence, et surtout à cause de la faiblesse des deux gouvernements les plus velléitaires, les plus ineptes, les plus dénués de perspective que nous ayons eus: ceux de Jean-Jacques Bertrand et de Robert Bourassa.

Sa réaction aux élections du 15 novembre est typique du personnage. Cassante, sèche. Il n'y a rien à négocier, qu'une constitution à respecter à la lettre. Le statu quo est intangible, le fédéralisme n'est pas une approche faite de souplesse, mais un rituel immuable. Les pires ennemis du fédéralisme sont ceux qui le représentent si mal. Le premier ministre, comme le lui disait James Richardson, citant Walt Whitman, "n'apprend que de ceux qui le flattent, pas de ses adversaires". Sa réaction est stérile, elle est surtout dangereuse. Celle des premiers ministres provinciaux est plus prometteuse: est-ce parmi eux qu'on trouvera les porte-parole que doit se donner le Canada anglais pour nous dire ce qu'il veut? Son manque actuel de leadership risque d'empêcher toute négociation féconde.

C'est une illusion considérable que de prétendre que le Parti québécois est un parti comme les autres, tout comme c'en fut une de penser que le Québec était une province comme les autres. L'idée indépendantiste ne souriait, le 14 novembre, qu'à 20 p. cent de l'opinion? Elle était, dès le 16, auréolée du prestige du succès, et honorable. Elle sera demain forte de la puissance pédagogique de l'Etat. Et le malaise qui l'a engendrée persiste...

La révolution tranquille n'a pas été un épisode. C'était une avant-première, réalisée par une avant-garde. A la conquête de l'infrastructure gouvernementale succédera celle de la vie économique et des grands leviers politiques. Aux Biron qui rêvent de se faire en anglais les managers des autres, les Québécois répliquent qu'ils vont créer leurs propres affaires.

Malgré les apparences, non seulement la renégociation d'un

pacte entre francophones et anglophones est-elle possible, elle
semble plus faisable que jamais. Comment soigner un malade
dont tous ses médecins prétendent qu'il est en parfaite santé,
et que ses malaises ne sont que des illusions psychosomatiques?
Les dernières élections ont révélé l'erreur de diagnostic du
docteur Welby-Trudeau. Il faut maintenant éviter le remède
du cheval qu'il va sans doute proposer, choisir la solution
négociée plutôt que le traitement en catastrophe.

Il apparaît douteux que l'homme qui perdit les pédales en
1970 puisse être aujourd'hui celui de la situation. Ce faux
modéré voit la politique comme une forme de guerre, et la
guerre comme Clausewitz: "La guerre est une façon de
contraindre l'ennemi à agir selon notre volonté... y introduire
le principe de la modération est une absurdité logique."

La parole n'est plus aux théoriciens, mais aux citoyens
du Canada anglais.

TABLE DES MATIERES

PROCHAIN CHAPITRE

Achevé d'imprimer
en janvier mil neuf cent soixante-dix-sept
sur les presses de l'Imprimerie Gagné Ltée
Saint-Justin - Montréal.
Imprimé au Canada